発達障害の子と親の
心が軽くなる
ちゃんと伝わる言葉かけ

ASD発達支援アドバイザー
Shizu［著者］
関西学院大学教授
有光興記［監修］

KADOKAWA

はじめに

「なんであんなことしてしまったんだろう。バカ！　バカ！　私はダメだ……」

「私はいい母親ではない……」「将来が不安で仕方がない……」

こんな自己否定や罪悪感・将来の不安に苦しんでいませんか？　これは、過去の私です。

長男ソラは、3歳のときに自閉症（現在の診断名は「自閉スペクトラム症／ASD」）の診断を受けました。今から14年前のこと。当時はとても苦しい思いをしました。

次男リクは定型発達児でしたので、私は、発達障害と定型発達の2通りの子育てを経験しています。

発達障害がある子の子育ては、親の価値観や枠が広がるまで、何度も心が揺さぶられ、親子の激動のドラマが繰り広げられることがあります。私がそうでした。不安と焦りから「普通の子に近づけたい」という思いが強かったとき、思い通りにならない長男を怒鳴り散らし、追い詰め、親子ともども放心状態になったこともあります。

このような数々の失敗からの学びや、ASDのあるお子さん宅への訪問療育の経験を、2013

年に『発達障害の子どもを伸ばす 魔法の言葉かけ』（平岩幹男監修／講談社）にまとめました。2021年現在、累計17万部発行され、たくさんの方にお読みいただいています。

その本で取り上げたABA（応用行動分析）を利用した働きかけは、親子の笑顔が増えるきっかけになっていますが、いっぽうでは、ABAや療育に一生懸命になりすぎて、疲弊してしまう方がいらしたのではないかと思います。

療育法や問題行動の対処法だけを学んでも、不安や焦りが大きいと心が安定しません。親の心の持ち方を見つめ直し、自分を知り、心を癒すことはとても大切なことだと強く感じています。大切なのは、親子ともに自分らしく楽しく生きること。本書では、発達障害がある子の子育てノウハウだけではなく、親子の心が軽くなるコツや言葉かけを、さまざまな視点・角度からご紹介していきます。

私が1冊目の本を出版してから、発達障害への理解は格段に広がりました。発達障害があることは、不便ですが、不幸ではありません。

発達障害のある子の子育てをしている先輩の親御さんたちには、過去の子育てを振り返り「あのときは大変だった〜」と言いながら、今の生活を楽しんでいる方がたくさんいます。その方たちには、「普通の子を目指す・みんなと一緒にできなければならない」という枠を手放した人たちが多いようです。そして、子どもの特性を理解し、気持ちに寄り添い、応援団としてできるサポートをしながら、親子で生活を楽しんでいらっしゃいます。

本を刊行してから8年、日本全国各地での講演活動や療育のサポート、電話やLINEでの個別カウンセリングなどをしながら、親御さんや子どもたちが成長していくのを目のあたりにしてきました。私自身もさらにたくさんのことを学ばせていただきました。

私は親として完璧な優等生ではありません。家事は苦手でズボラな母です。「言葉かけ」の本を出版していますが、年に数回、家族の言動にイラッとして怒鳴ることもあります。人間ですから、喜怒哀楽があるのは自然なこと！　家族に笑顔があれば大丈夫。

本書で紹介する思考癖を知るチェック項目で自分を客観的に見つめ、無意識のマイナスの思考癖にまずは気づいてください。何度も気づいて自分にやさしく寄り添っていくことがとても大切です。読み終わった後に肩の力が抜けて、「大丈夫、なんとかなるかも〜」と少しでもホッとしていただけたらとてもうれしいです。

Ｓｈｉｚｕ

※自分を客観的に見つめるため、本書では「エゴキンマン」という面白いキャラクターが登場します。エゴの語源は「自己＝私」です。

こんな声、頭の中で聞こえてきませんか？
どうせ わたしなんて
あの人に 嫌われたに ちがいない
みんなすごい… それにくらべて わたしはダメ
なんであんな 失敗を したんだ！
わたしは人を 怒らせる… また怒られるに ちがいない
みんなが 「おまえはダメだ」 と言っている
それはあなたの真実の声ではなく
頭の中の自分への否定的なつっこみは
エゴキンマンの声です！
わたしが エゴキンマン です
得意技は 比較・競争をさせて 気分を悪くさせる こと！

暴走したエゴがエゴキンマン

※この手法は私が参加しているHTL（Happy理論研究所：日常を心地よく生きるために意識の持ち方を研究し、それぞれの型を作り実践しているオンラインコミュニティー）の考え方を参考にしたものです。

人はどちらか自分で選択することができます

あなたは、どちらが気分がいいですか？

序章

エゴキンマン必殺技チェック

第1章

特性のある子を持って悩んでいるあなたへ

第2章

特性のある子とHappyに暮らすための言葉かけ

※本書に掲載されている情報は、2021年7月時点のものです。

第3章

親子ともに自分らしく楽しく生きるために

第4章

発達障害がある子へのサポートと将来

※最新のDSM-5（精神疾患の国際的な診断基準／2021年7月現在）では、「SLD（Specific LearningDisorder＝限局性学習症）」という診断名が採用されていますが、本書では認知度が高い「LD（学習障害）」と表記します。

まとめ

発達障害があっても幸せに生きる方法

● ブックデザイン　小口翔平＋加瀬梓（tobufune）
● イラスト　さらそわ子
● DTP　山本秀一・山本深雪（G-clef）
● 編集協力　江頭恵子
● 校正　福本恵美（夢の本棚社）
● 編集　川田央恵（KADOKAWA）

序章

エゴキンマン
必殺技
チェック

私たち、特に発達障害のある子とその親は、
自己否定や未来の不安に苦しみがちです。
その苦しみを「エゴキンマン」というキャラクターの
必殺技にかかったとイメージしてみましょう。
すると問題を客観視でき、
冷静に自分を見つめることができます。
お子さんとご自身に
あてはまるものがあったら、チェックしてみてください。

※必殺技の①〜⑥は、HTLの代表がユーモアを持って生み出したものを参考にしました。⑦以降は、私が子育て用にアレンジしています。

1 罪悪感ロック

子どもが「自分は人に迷惑をかけてしまうダメな子だ」と、罪悪感に縛られること。また親は「私はダメな親だ」「私だけ幸せになってはいけない」と罪悪感を感じること。

子ども

あ
いつも迷惑ばかりかけている
ぼくは人に迷惑をかける悪い子だ
ごめんね

親

わたしがダメな母親だから
母として〇〇できてないから

2　比較競争ムチ打ちの技

周囲の目を気にして、常に周りと自分を比べて「自分は負けている。ダメだ」と落ち込んでばかりいること。「私はもっとがんばらないとダメだ」と、自分にムチ打ちばかりしています。

3 他人が全員素敵に見えるフィルター

周りがすごい人に見え、子どもは「みんなみたいにはできない。自分はダメな子だ」、親は「あの人に比べて私はダメな親だ」と、落ち込むこと。隣の芝は青い状態で、人をうらやんでばかりいます。

子ども

親

4 ハツカネズミの刑

子どもも親も「のんびりしていてはいけない」「もっと、がんばらなくちゃ」と、自分を追い込みすぎて疲れ果ててしまうこと。いつも、のんびりできず、気持ちが焦っていて疲れてしまいます。

親

5 無人島ツアー

親は「みんなについていけない。置いていかれる」、子どもは「僕なんかいない方がいい」と、無価値観や孤独感にさいなまれること。「どうせひとりぼっちだ」と思い込み、寂しさで押しつぶされそうに。

子ども

親

6　壊れかけの電卓

焦って問題解決をしようとするもののうまくいかず、空回りが続くこと。その結果イライラしてしまい、「もう無理！」「やっぱりできない」と、すぐにあきらめてしまいます。

子ども

親

7 100点症候群 0か100か思考

「○○であるべき」の考え方が強い完璧主義。「100点でないなら、0点と同じ」と極端に考え、自分自身を追い込んでしまいます。人にも厳しく「あの人は敵だ」と決めつけてしまいがちです。

子ども

親

8　マイナス思考祭り

過去の失敗を思い出しては「あんなことをしてしまった自分はダメだ」と、自己否定をし続けること。さらに、未来のことも不安で、「きっと、うまくいかない」とマイナスなことを考え続けます。

子ども

親

9 他人軸症候群

自分の気持ちはさておき、常に親や先生、友達の言ったとおりにして生きること。自分に合わないことや苦手なことも、無理をして人に合わせすぎることで、結果的に苦しくなってしまいます。

子ども

親

10 ネガティブ思い込みの刑

周りはなんとも思っていないのに「人に嫌われたに違いない」「私は人を怒らせてしまう」「不快にさせてしまう」と思い込むこと。子どもはいじめられても仕方がないと自分を責めてしまうことも。

子ども

親

11 負のエネルギー背負いの刑

モヤモヤ

誰かが怒られているのを見ると、自分も苦しくなったり、人の悩みを聞いて自分も苦しくなってしまうこと。親の場合はその子どものことまで自分のことのように心配してしまい、苦しみます。

子ども

親

12　被害者の会　会長

「うまくいかないのは、○○のせい」と、自分がいる環境や、周囲の人をうらんでいること。「だって」「でも」が口癖で、「自分は悪くない、私はかわいそう」と、被害者意識が強い状態。

13 いい子症候群

親や先生、友達にほめられたい気持ちが強く、「いい子でいなければ」「いい母親でいなければ」と常に思うこと。嫌なことも断れず、人に嫌われないようにとひとりでがんばりすぎます。

子ども

親

14 恐れ・心配フィルター

人の目を気にして失敗を恐れます。また「○○はかわいそうだから私が助けないと」と子どもや友達の心配をして、よいことがあっても「幸せがずっと続くわけがない」と、不安で苦しみます。

子ども

親

否定的なことを呼びかけてくるキャラクター、「エゴキンマン」

エゴキンマンとは、「私はダメな人間だ」という自己否定、「こんな私が母親で子どもに申し訳ない」という罪悪感、「未来が不安で仕方がない」という予期不安などの言葉を、頭の中で繰り返し呼びかけてくる暴走したエゴの存在で、ＨＴＬオンラインコミュニティー内でＨａｐｐｙ理論研究所の所長が生み出したキャラクターです。

前ページまでのイラストにあった、あなたを苦しめる否定的な心の声は、あなたの真実の声ではなく、エゴキンマンの声です。人との比較や育った環境、親・友人・先生・周囲の人たちから言われた言葉などが蓄積され、あなたの頭の中で育ってしまった思い込み、否定的な声はあなたを苦しめますが、それらはエゴキンマンの得意技なのです。

自閉スペクトラム症（ＡＳＤ）の子どもたちは、ときどきパニックになることがありますが、そんなとき、子ども自身が悪いのではなく、「〇〇ちゃんの頭の中にイライラ虫が出てきたね」と話すと落ち着けることがあります。誰かのせいにすればよいというのではなく、客観的に自分を見つめるために「イライラ虫」というキャラクターを登場させるわけです。

私が参加しているＨＴＬオンラインコミュニティーで、エゴキンマンが紹介されたとき、「エゴキンマンは、私の本『発達障害の子どもを伸ばす 魔法の言葉かけ』で紹介したイライラ虫の親戚だ。エゴキンマンの存在を知ることで、心が軽くなる人が増えるはず」と、確信しました。

例えば、うまくいかないことが続いたときに死にたいと考える人は、「おまえなんていなくなればいいんだ」「おまえはダメなやつだ」「役立たず」などの否定的な声が、頭の中でリフレインしているのかもしれません。そんなときに「エゴキンマン」の存在が頭にあれば、この声は私の真実の声ではなく、エゴキンマンの声だと、分けて考えることができます。

また、否定的なエゴキンマンの声により、本来のパワーを見失うことがあります。そんなふうに落ち込んだときにも、「自分がダメなのではなくエゴキンマンのせいだ」と、客観的に捉えることができれば、悩みから解放される日が早まります。エゴキンマン度数を下げる方法は、まとめ（P155〜）をご参照ください。

「エゴキンマン必殺技チェック」の見方

P14〜27ページに示したエゴキンマンの必殺技に、お子さんとあなたは、どれくらいかかっていましたか？　頭の中で聞こえているエゴキンマンの声は、どれかあてはまりましたか？

一緒にイラストを見て、お子さんが口頃どんなふうに感じているのか、何に悩んでいるのかを聞いてみましょう。「友達に負けたとき、僕はダメだと思う」「ケンカして、好きな友達と遊べないとき、私はどうせひとりぼっちだと思う」「失敗したら先生に怒られるのが怖い」など、子どもたちがどのエゴキンマンの必殺技にかかっているのかを知ることができます。

それがわかったら、「何かできないことがあっても、『あ、できないな』と気づくだけでいいよ。どんな自分もOKしてあげよう。やり方を変えて少しずつチャレンジするとできることもあるよ（スモールステップの働きかけはP74参照）。できないから『自分はダメ』はエゴキンマンの声。やり方を変えてそこに気づいて、少しずつチャレンジしていこう」と、伝えてください。

私の電話カウンセリングの相談者にこのチェック表をやってもらったのですが、小学4年生のASDの女の子を持つママは、「私に注意された娘が、『なんか、死にたくなる』と言うので、『それ、エゴキンマンにやられてない？』と声をかけたら、娘がハッとして気持ちを切り替えることができました。キャラクターがあるとユーモアのある会話になっていいですね」と、後日感想を送ってくれました。親子でコミュニケーションを取りながら「ママはこの必殺技にかかっているかな」と、一緒に楽しめたそうです。

また、ASDとADHD（注意欠如・多動症）の特性がある年長のRくんのママは、Rくんが幼稚園でたびたびトラブルを起こすので、いろいろなことを気にしている？と思ったそうです。でも、以前からイライラ虫の話をしていたので、予想よりエゴキンマンの必殺技にあてはまる項目が少なかったそうです。Rくんは、「僕の中に動いちゃう虫がいるから。ママは心配するけど、僕はママみたいに気にしてないよ。自分でなんとかするから大丈夫」と、お母さんに伝えたそうです。それは、自分がやってしまう失敗を自分の中にあるキャラクターがやってしまうことと、客観的に見ることができていたからでしょう。

エゴキンマンの必殺技にかかると、認知（ものごとの捉え方）にゆがみが生じます。まず自分と子どもは「どの必殺技にかかっているか？」を確かめて、考え方の偏りや思い込みなどの、認知のゆがみに気づくことが大切です。無意識のうちにやっている自分の考え方のクセを自覚しましょう。

発達障害がある子の子育ては、「エゴキン度数」が上がりやすい⁉

自分のことは意外によくわからないものです。現在の自分と過去の自分とで、必殺技のかかり方（エゴキン度数）がどれくらい違うか比べてみてください。例えば、私の場合は子どもが小さかったころに比べて現在の方がチェックの数がぐんと減り、エゴキン度数が下がりました。

いっぽう、お子さんが発達障害の診断を受けてまもないBさんの場合は、子どもが生まれる前の過去はエゴキン度数が低かったのに、幼少期の子育て真っ最中の現在は、エゴキン度数が高くなってしまいました。

Bさんは「ほかの素敵な子育てをしているママと比べて、自分はできていない」と、自分を責めてしまうそうです。素敵に見えるママも、家では怒っていたり、悩んでいたりするものですが、傍目には悩みがないように見えてしまうのでしょう。

ここで注目したいのは、Bさんのように、もとは特にマイナス思考ではなかった人も、特性のある子と向き合うことで悩みを抱えやすくなり、エゴキン度数が上がってしまう可能性があるということです。ただ、私が意識の持ち方を変えることでエゴキン度数が下がったように、エゴキン度数は下げることができます。

Bさんのエゴキン度数

・すごくあてはまる ―― 3
・あてはまる ―― 2
・少しあてはまる ―― 1
・あてはまらない ―― 空欄

過去	今	
	3	❶ 罪悪感ロック
2	3	❷ 比較競争ムチ打ちの技
1	3	❸ 他人が全員素敵に見えるフィルター
2	2	❹ ハツカネズミの刑
1	2	❺ 無人島ツアー
1	3	❻ 壊れかけの電卓
1	2	❼ 100点症候群 0か100か思考
1	3	❽ マイナス思考祭り
1	2	❾ 他人軸症候群
2	3	❿ ネガティブ思い込みの刑
		⓫ 負のエネルギー背負いの刑
	2	⓬ 被害者の会　会長
2	3	⓭ いい子症候群
2	3	⓮ 恐れ・心配フィルター

Shizuのエゴキン度数

・すごくあてはまる ―― 3
・あてはまる ―― 2
・少しあてはまる ―― 1
・あてはまらない ―― 空欄

※過去	今	
3		❶ 罪悪感ロック
2		❷ 比較競争ムチ打ちの技
2	1	❸ 他人が全員素敵に見えるフィルター
1		❹ ハツカネズミの刑
3	1	❺ 無人島ツアー
2		❻ 壊れかけの電卓
3		❼ 100点症候群 0か100か思考
3		❽ マイナス思考祭り
2		❾ 他人軸症候群
3	1	❿ ネガティブ思い込みの刑
2		⓫ 負のエネルギー背負いの刑
3		⓬ 被害者の会　会長
2	1	⓭ いい子症候群
3	1	⓮ 恐れ・心配フィルター

※過去は一番辛かったとき。過去より今が辛い場合は、過去は今より幸せだったときを基準とします。
※このチェック表は、Shizuのブログ「エゴキンマンと私」よりダウンロードできます（P191参照）。

エゴキンマンを笑いのネタにして、エネルギー変換しよう

私が参加しているコミュニティー（HTL）では、「エゴキンマンを知ることで、自己否定や罪悪感などから解放され、楽に生きられるようになった」という声がたくさん上がっています。そのコミュニティーでは、エゴキンマンの必殺技を使ったおしゃべりが日常会話になっていて、笑い話にもなっています。笑いは人間に与えられた特権で、笑いのエネルギーは不安をやわらげ、免疫力を向上させることも科学的に証明されています。

もし、お友達や子どもが落ち込んでいたら「それ、エゴキンマンのせいじゃない？」と、突っ込んであげてください。「ほんとだ、エゴキンマンにやられている！」と、マイナスなこともクスッと笑えるネーミングにすることで、自分を客観的に見て笑って人に話しやすくなります。暗く、深刻になりがちな悩みの告白も、ユーモアを含ませて伝えることができれば、聞く人も突っ込みやすいし、話した人も、その場が笑いに包まれると、心のつかえが取れて気持ちが楽になるかもしれません。「エゴキンマンにやられていた！」「〇〇の必殺技にかかっていた！」と笑い飛ばせたら最高です！

まずは、どの必殺技にかかっているのか客観的に見つめてみましょう。すると、自分の思考パターンがわかり、自分と付き合いやすくなります。そして、どんな自分も受け入れることができれば、何を言われても、何があっても過剰に反応しなくなります。子どものことも、自分自身のことも、「そうなんだ」とただ受けとめるだけで、ジャッジする必要はありません。ジャッジする頭の中の声はエゴキンマンの声、あなたの中に蓄積された思考パターン、思い込みです。

もしかしたら、○○虫が頭の中にいるかもよ？

イライラ虫

思わず手が出たり、すぐにカチンときてしまうのは、頭の中にいるイライラ虫のせいかも！

➜ 対処法P82、84

おしゃべり虫

授業中にうっかりおしゃべりしてしまうのは、頭の中にいる、おしゃべり虫のせいかもしれないよ！

➜ 対処法P86

びくびく虫

びくびくして緊張してしまうのは、びくびく虫が頭の中にいるからかもしれないよ。リラックスして楽しいことをすると、びくびく虫も安心するかもしれないね。

➜ P110～、P155（まとめの章）参照

※エゴキンマンは生まれた後の経験などで登場しますが、上の虫たちは子どもたちが生まれ持つ特性やタイプに関するものです。お子さんに伝えるときは、この虫たちを使うとわかりやすくなります。

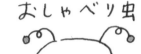

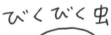

第1章

特性のある子を持って悩んでいるあなたへ

お子さんの発達の様子が気になる、
診断を受けるべきか悩んでいる、
あるいはすでに診断を受けた人も、
悩み多き子育てをしている渦中かもしれません。
まずは、特性のある子と向き合う際の
心の持ち方などについてお伝えします。

子どもの障害を診断されて

発達障害は手足が不自由、目が見えないなど、わかりやすい障害ではないため、「見えにくい障害」だといわれています。そのため、親も子どもの生まれつきの障害特性に気づくのに時間がかかり、できないことを「やる気がない」「怠けている」と勘違いしてイライラし、親子関係が悪化することも少なくありません。

発達障害は、外見からは何が障害なのかわかりにくく、「なんとか普通の子に追いつかなければ」という不安や焦りから、「今のあなたではダメ」とマイナス目線で子どもに関わることがあります。親の気持ちは子どもにも伝わり、「僕はダメな子なんだ……」と、自己肯定感が低くなりがちです。それは、まさに過去の私とASDの長男ソラの姿です。

ソラに発達障害があると診断されたとき、私は「普通の子と同じことができないと、この子は幸せになれない」と、ショックを受けました。私は母親になる前から「こんないい加減な私が母親に？　いい母親にならなければ」と気負いがありました。生まれたソラはほとんど寝ずによく泣く子でした。「育児書と違う。なんで寝ないの？　なんで泣くの!?　私が悪いの？」「周囲の赤ちゃんはママとやりとりを楽しんでいるのに、うちの子は話しかけてもスルー」「きっと私が悪いんだ」と、自分を責め、周囲から置いていかれる不安で、将来は不幸な未来しか想像できなくなりました。

でも、今はわかります。障害があると、確かにできないことがあり、不便なことはあるけれど、幸せな生活を送ることはできます。生活の仕方を工夫し、周囲のサポートを受けて、大人になっても幸せに暮らしていけます。

この本を手に取ってくださったみなさんに一番お伝えしたいのは、このことです。

「一人ひとりが、その人らしく、楽しく生きていけることが、一番の幸せだ」と思えるようになるまでに、私には時間と経験が必要でした。私は息子が3歳のとき、課題ができない息子を追い詰め、親子ともに放心状態に陥りました。そのとき、遊び上手な叔父が息子と非言語ジェスチャーで遊んでいる光景を見て衝撃を受けました。「ソラが笑っている。しばらくソラの笑顔を見ていなかった」「大切なのは子どもの笑顔なのに、私は何をやっていたんだろう……」私はこのことから、子どもの笑顔が出る関わりを大切にすることを決めました。

苦しんでいるのは、あなただけではありません。先輩たちもみんな通ってきた道です。だから、ひとりで抱え込まないで、頼れるものは頼って、あなた自身もリフレッシュして、人生を楽しんでください。子どもが見たいのは親の笑顔です。「大人になるって楽しそうだな」と、子どもが将来に希望が持てるように、どうぞ、お母さんもお父さんも人生を楽しんでください。

濃淡はあるけれど、誰にでも特性はある（６タイプ）

「発達障害」は、自分とは遠いものだと思う方もいらっしゃるかもしれませんが、実は、誰もが少なからず「変わっている」ところがあり、なんらかの発達障害の特性を持っているのではないでしょうか？　まずは、あなたの発達特性のタイプを見てみましょう。

「あなたはどのタイプ？」

①自分のペースで過ごしたい。決まったルーティンが好き。こだわりがある。雑談が苦手。人付き合いが苦手。没頭して同じことをずっと続ける。ＫＹ発言をする。

②大勢で楽しむのが好き。うっかりミスがよくある。興味がコロコロ変わり飽きっぽい。衝動的に感覚で動く。よく物をなくす。ギリギリで動く。整理整頓が苦手。

③①と②の両方の特性が同じくらいある。

④①の特性が強いが、②もある。

⑤②の特性が強いが、①もある。

⑥どのタイプにもあてはまらない。

＊①はＡＳＤ（自閉スペクトラム症）傾向、②はＡＤＨＤ（注意欠如・多動症）傾向

ちなみに私の特性タイプは③です。ＡＳＤ傾向があり、自分のペースで過ごしたい。一人が好き。人見知り、たまに、ＫＹ発言をして引かれることも。幼稚園のクラスのママ達との雑談が苦手で幼稚園の送り迎えは、すっ飛んで帰っていました。また、ＡＤＨＤ傾向もあって衝動的に動くので、行動力があるとよく言われます。ギリギリで動いて整理整頓が苦手、毎日探し物をしています。こんな風に、多かれ少なかれ自分にも特性があると考えると、発達障害とは特別なことではないと思えるのではないでしょうか。

また、特性には濃淡があり、特性が薄いと「ちょっと不便」「たまに失敗する」「気をつけておけば大丈夫」というレベルですみますが、特性が濃くて生活上での困り度数が高い場合に、はじめて「発達障害」だと診断されます。特性はグラデーションでつながっていて、ここからが障害だと線引きするのは、とても難しいものです。自閉スペクトラム症の「スペクトラム」というのは、「連続している」という意味があります。また、特性が濃くても、周囲に理解があってサポートしてもらえる環境だと、生活の困りごとが減らせます。逆に特性は薄いのに周囲に理解がない場合は、周りとのトラブルが多く、生活に困ることがあります。

つまり、特性の濃淡だけの問題ではなく、周囲の環境や理解がとても大切だということ。そこがうまくいけば、特性とうまく付き合いながら、その人らしく楽しく生きることができます。

感覚の使い方が苦手
「感覚過敏」と「感覚鈍《どん》麻《ま》」

発達障害の人が感じる不調や起こしがちなトラブルは、「感覚過敏」や「感覚鈍麻」が原因のことが多くあります。発達障害は「感覚」の使い方のゆがみが特徴といわれるように、さまざまな刺激を感じすぎて辛い「感覚過敏」があるいっぽうで、感覚を感じにくい「感覚鈍麻」もあり、生活の中で困ることが起きやすくなります。

お子さんの様子は、どうでしょうか？　また、ご自身にもあてはまることはありますか？

聴覚過敏

あらゆる音が大きく聞こえすぎて疲れる。人のざわめきが苦手。

視覚過敏

蛍光灯の光などがまぶしすぎて疲れる。白い紙がまぶしくて苦手。

刺激に過敏

気温・気圧の変化などで体調が悪くなる。人混みで疲れる。

触覚過敏

服の素材によって不快で着られない。シャワーがチクチクして痛い。

感覚鈍麻

痛み、寒さ、暑さを感じない。疲れを感じにくいため無理をして倒れる。

嗅覚過敏

給食のにおいで気分が悪くなる。人の家やお店のにおいが気になる。

問題行動・癇癪《かんしゃく》は感覚過敏が原因で起こることも

子どもの突然の癇癪が、実は保育園の給食のにおいや、お友達に背中を触られたことが原因のこともあります。これはまさに「感覚」の反応が暴走している状態。他の人にとっては何でもない感覚刺激が、本人にとってはとても耐えがたい、その場にいられなくなるような恐怖や不快感となり、癇癪やパニックにつながることがあります。

また、舌に触れる食べ物の触感が苦手で偏食になることもあります。偏食は味が苦手で食べられないと思われがちですが、触感が苦手な場合は調理法を工夫し、とろみをつけたり、逆にパリパリ感を出すことで食べられるようになることがあります。「感覚過敏」は成長するにつれて気にならなくなることがあります。偏食が「小学校高学年で治った」という話はよく聞きます。何かしら食べられたら死にません。焦らなくても大丈夫。食べず嫌いのこともあるので、超スモールステップで、食材をちょっとなめてチャレンジするところから始めましょう。

「視覚過敏」があり、蛍光灯の明かりなどがまぶしすぎる場合は、色が少し入っているメガネをかけるだけで、ストレスが軽減できることがあります。また、白いノートは刺激が強すぎるので、色がついているノートであれば落ち着いて学習できる子もいます。

「聴覚過敏」があると、冷蔵庫の作動音のごく小さな音が大きく聞こえるなど、あらゆる雑音が大きく聞こえてストレスになります。今は便利なグッズがあり、周囲の雑音を軽減するイヤーマフやノイズキャンセラーイヤホンをつけることで楽になります。ソラも小さいころ聴覚過敏があり、駐車場のブザーの音で大泣きしていましたが、今はなくなりました。

また、気圧の変化でも体調が悪くなりやすい人がいます。気圧の変化を感じる感覚が定型発達の人より過敏なのでしょう。そんな人たちは、気圧がわかるアプリをスマホに入れておき、具合が悪くなると、アプリを確認して「低気圧が来ているからだな」と納得するそうです。

いっぽうで「感覚鈍麻」があると疲れを感じにくいため、知らず知らずのうちに無理をしすぎて、ある日突然倒れてしまうようなケースがあります。この場合、自分では疲れを感じることができないので、スケジュール管理をしっかりして予定を詰め込みすぎず、週に1回は必ず何の予定も入れない完全な休みを取ってゆっくりする。最低でも月に2回は休みを取るなどの調整が必要です。

このように問題行動や癇癪には、必ず原因があります。「困った子」だとレッテルを貼って終了するのではなく、その行動が起こる前の状況を分析し、その子が困っていることを理解し、寄り添う姿勢が大切です。

親子で発達特性に気づくメリット

自閉症スペクトラム支援士で、絵本『そらをとびたかったペンギン』（学苑社）の著者である申ももこさんは、息子さんがＡＳＤの診断を受けてからいろいろな情報を集めていくうちに、「あれ？　私もそうかも」と思い、30歳のときにＡＳＤの診断を受けたそうです。そして、「私がうまく生きられなかったのは障害があったからなんだ」と感じて、心からホッとしたそうです。

ももこさんは、16歳のときにパニック障害になりました。それまでは特に問題なく過ごしていたのに、ある日突然動けなくなり、「無意識のうちに周囲に過剰適応してがんばり続けた結果ではないか」と感じていたそうです。その後も、ももこさんは人間関係の悩み、数々のトラブルを経験し、怒り、悲しみ、辛さが爆発し、お酒を飲んで泣き叫び、そこから抜け出して安定した生活に戻ることの大変さを身に染みて体感したそうです。

そんな経験から、息子さんが小学2年生で不登校になったとき、無理に学校に行かせるという対応は取りませんでした。無理をすると二次障害を起こしやすく、そこから立ち直ることがどれほど大変かを痛感していたからです。学校に行けない自分を責め、自信を失っていった息子さんに、絵つきの物語を作り、「全部みんなと同じようにできなくてもいい」「苦手なことは助けてもらってもいい」「いろいろなツールを利用してもいい」と、勇気づけていたそうです。そのときの物語を軸に作られたのが、絵本『そらをとびたかったペンギン』です。この絵本には、誰もが安心して存在できる多様性を尊重する社会へのメッセージが込められています。その後、ももこさんの息子さんは、自分に合った高校を選び元気に通うことができました。

問題行動・癇癪の子どものせつない思い

問題行動や癇癪には、子どものせつない思いが隠れていることがあります。

長男ソラがＡＳＤ（自閉スペクトラム症）と診断されてから、私は、発達障害がある子どもに有効とされるひとつの学習法、ＡＢＡ（応用行動分析）を学び、さまざまな働きかけをしてきました。

そして、ソラのＡＳＤの特性があまり気にならなくなっていた小学1年生のときのことです。なぞり書きの宿題をしていたソラが、線が少しでもずれてしまうことに腹を立て、自分の頭を何度も叩き出したのです。その姿を見るのが辛くて「少しぐらいずれても大丈夫！」「やめなさい。叩かないで」と、取っ組み合いになりました。ソラは真っ赤になって反抗してきました。

やばい、これが一生続くのか。やはり、特性は残っているんだ……。特性はほとんど気にならなくなってきたと少し安心していた私は、再び将来が不安になりました。

しばらくして、「ソラはどんな気持ちなのだろう？　自分でも叩きたくて叩いているわけではないよね」と、思い直しました。そして、私が「できなくて、悔しいよね」と言葉を漏らした瞬間、ソラの反抗的な態度が一変し、号泣し始めたのです。

「できなくてイライラして、ママにわがまま言っちゃうんだ。本当はわがまま言いたくないのに、わがままになっちゃうんだよ〜」

ソラの言葉を聞いて私は「一番辛いのは子ども自身なんだ。子どもだって、自制できない自分にイライラして苦しいんだ。この子のせいじゃない。生まれつきの特性で仕方がないんだ。これが、この子の精一杯の今の姿なんだ」と、痛感しました。

私はソラが診断を受けた前後、極度の不安と焦りから、ソラが普通の子になることを必死に目指していたときがありました。そして、課題ができないことを責め立てていたこともありました。ソラにその辛い経験がなかったら、0か100かにこだわりやすい発達障害の特性が強くても、「なぞり書きができない自分はダメ！」と、頭を叩くこともなかったかもしれません。

そのとき私は、「イライラ虫」を登場させることを思いつきました。「ソラの頭の中にはイライラ虫がいるのよ。だから、ソラのせいじゃない。イライラ虫は少しずつ気持ちを切り替えていくことで逃げていくよ。ママも協力するから一緒にがんばろう」と話すと、ソラは落ち着きました。

発達障害は生まれ持った脳の特性によるものであり、ソラが悪いわけではない。親も子もそんなふうに考えられるようになると、心が楽になります。

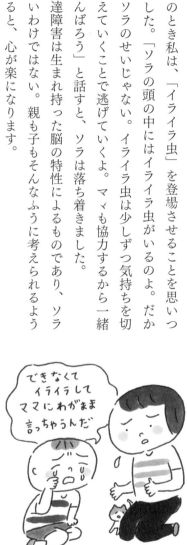

小学校入学前の息子にかけたかった言葉

長男ソラは、ＡＳＤの症状があまり気にならなくなっていたことから、小学校で普通学級に通っていました。しかし、先生の話に集中することが難しく、言語の発達も遅れていたので、小学1年生のころが一番大変だったそうです。

そのころ、私がたまたま校庭の横を通ると、ソラは体育の授業中で、生徒たちはしゃがんで先生の話を聞いていました。しかし、ソラは先生の話も聞かず、地面に絵を描いていました。案の定、先生の説明が終わると行動が遅れ、お友達の素早い動きについていけず、ウロウロしていました。国語と算数だけは予習をしていたので、勉強面で何もわからない状態にはなっていなかったと思いますが、やはり周囲との違いに敏感に気づいたようです。

そして、そのうちに「みんなのようにできない自分はダメだ……」という思いが強くなったのでしょう。Ｐ48のように、少しでもなぞり書きがずれることにも腹を立て、自分の頭を何度も叩き出したのです。

この経験から私は、事前に左記のような言葉かけをソラにしていたらよかったと反省しました。これからお子さんが小学校入学を迎える方は、このようなことを伝えるとよいのではないでしょうか。

入学に際して伝えておきたいこと

小学生になる○○ちゃんへ

入学おめでとう。4月から小学生だね。小学校では勉強する時間が増えます。先生の話を聞いていないと、何をするかわからなくなってしまうので、先生のお話は聞こうね。それでもわからなかったら、お友達が何をしているか見て動こう。それでもわからなかったら、「何をするの？」とお友達に聞いてみよう。

ママは、○○の応援団です。小学校でできないこと、わからないことをお友達に教えてもらえなかったら、ママが協力するよ。失敗は悪いことじゃない。失敗に気づけることがすごいこと。

失敗は成功のもとだよ。だから、まずはやってみよう！　まちがえても大丈夫。少しずつできるようになるよう、ママと一緒にやろう。

全部みんなと同じにできなくても大丈夫。ママは、○○が何かをできてもできなくても、○○が大好きだからね！　○○が元気でいてくれるだけでママは幸せだよ。

出されたカードで勝負するしかない！

「出されたカードで勝負するしかない！」。これは、スヌーピーの名言です。

発達障害の子は、「生まれ持った特性のまま生きていく（勝負する）」必要がありますよね（もちろん定型発達の子もですが）。発達特性のために生活上で不便なことはたくさんありますが、自分に合う環境で、工夫して生活することで、自分らしく楽しく生きることもできます。

私は発達障害のある子の子育てを通して、さまざまな枠が外れ、ぐんと生きやすくなりました。違っていてもいい、違いが世の中を豊かにしているということを、今は実感しています。

この世にはひとりとして同じ人間はいません。顔、性格、好み、体型など、みごとに一人ひとり違います。遺伝学者によると、「生き物が生まれる確率というのは、1億円の宝くじに100万回連続で当たったのと同じくらいすごいこと」だそうです。一人ひとり、みんな違うから世界が色とりどりで面白いということは、さまざまな職業があることからも感じ取れます。

もし全員が、コンピューターのように優秀な頭脳を持っていたら、先生という職業は必要ありませんよね。人間は完璧ではなく、それぞれ「できない」「苦手」なことがあり、それをサポートする職業があります。困ったときに見捨てられることなく「安心・安全」に暮らしていける社会であれば、みんなが幸せに暮らせるはずです。それぞれの特性や多様性を理解し、強いものは弱いものを助けるやさしい社会であってほしいと思います。

発達障害も多様性が尊重され、誰もが生きやすい社会になると、安心して過ごせるようになります。しかし、そのシステムはまだ不十分。不登校児が珍しくないという現状は、「社会がもっと多様性を尊重するように変わる必要がある」と教えてくれているのかもしれません。

「発達障害の子どもたちは発想力があり、新しい事を見出す力がある。世の中を変える力がある」と言う専門家もいます。苦手なこともあるかもしれないけれど、それぞれの力を生かしながら、発達障害のある子どもたちが活躍していくのが今から楽しみです。

発達障害を子どもに告知するタイミング

親が我が子に告知するタイミングを迷うのは当然で、いつがいいとは言いきれません。ただ、いつであっても「発達障害を暗い顔で、マイナスなイメージだけで伝えない」ことを大切にしてほしいと思います。

我が家の告知のタイミングは、「イライラ虫」を使った間接的な告知は小学1年生のとき、「発達障害」という名称については小学5年生のときでした。録画していた発達障害の特集をソラと一緒に見る機会があり、それを見たソラが「俺、この子の気持ちわかる」と言ったときに、「実はあなたも発達障害でね」と、明るく伝えました。そして、私自身も毎日のように携帯電話をなくして探すなど、ADHD気質があるので、「ママもADHDの要素を持っていてね」と、笑いながら話したので、すんなり受け入れてくれました。

発達障害は特別なことではなく、「落ち着きがない」「こだわりが強い」「忘れ物が多い」などの特性がある子はたくさんいて、みんな少なからず発達特性を持っています。ただ、その特性が濃くて、生活するのに困っているかどうかで、発達障害の診断名がつきます。

お子さんに「発達障害がある」と診断されたとき、それをどう子どもに伝えるかは悩むところですが、苦手やできないことは、生まれつきの発達特性のせいであって、あなたの努力が足りないとか、怠けているわけではないと伝えてください。例えば、不器用なことや、何度練習しても文字が書けないこと、おしゃべりしたくないのに授業中におしゃべりしてしまうことなども、生まれつきの発達特性のせいだよと伝えましょう。ソラがパニックになったときに私が伝えたように、「イライラ虫」や「エゴキンマン」のせいにして説明するのも、面白くてわかりやすいと思います。

そして、みんなと同じようにできなくても大丈夫。手伝ってもらったり、やり方を工夫したり、メガネが必要な子がメガネをかけるように、機器を利用して生活しやすくできること。そして、発達障害がある子はあなただけではなく、世界中にたくさんいて、周囲に理解してもらいながら、工夫して自分らしく幸せに暮らすことはできることを伝えてみてはいかがでしょうか。

発明家や起業家の中には、発達障害がある人も多く活躍していて、芸能人にも発達障害があることを公表している人がいます。※ＬＤ（学習障害）があって文字が読めず、台本を録音してもらっているというハリウッドスター、トム・クルーズのエピソードは有名ですが、そういう人たちのことを子どもに話して聞かせてもいいかもしれません。

※最新のDSM-5（精神疾患の国際的な診断基準／2021年7月現在）では、「SLD（Specific LearningDisorder＝限局性学習症）」という診断名が採用されていますが、本書では認知度が高い「LD（学習障害）」と表記します。

「この子はこの子でいい」そこからすべて始まる

「子どもが好きになれない」。そんなときが私にもありました。子どものマイナス面ばかりが目について、将来のことが不安で仕方がなかったのです。自分のことも「ダメな母親」だと責めてばかりいて、完全にエゴキンマンにやられていました。

ソラは小学1年生のとき、場面緘黙《かんもく》（家では普通に声が出るのに、園や学校など特定の場所で声が出ない状態が1か月以上続く不安症の一種）になっていたため、私は心配でたまりませんでした。朝はお友達と3人で登校していましたが、ふたりのお友達の後をトボトボついていくソラを見て、心配で胸が痛くなりました。「学校でもオドオドして緊張して、大変なんだろうな。声が出ないソラにお友達はできないだろうな」。そんなふうに考えていたのです。

でも、ふと自分自身の子どものときのことを思い出し、ソラへの気持ちが整理されました。

「あ、私も同じだったな。幼稚園では1年間声が出なかったんだった」

⬅

「あのとき、母が私に〝心配オーラ〟を出さなかったのが心地よかったんだった。私はどう？　ソラの心配ばかりしている」

「今の私は、あのころの私とは違う。大勢の前で講演をすることもできるようになった。だから、ソラも変わるかもしれない。子どもの未来の姿は、今のままとは限らない」

⬅

「今の姿が精一杯のソラの姿。それをまず認めよう。ソラはソラでいい。そこから進んでいけばいい。〝心配オーラ〟を出すのはやめよう」

⬅

私のソラへの見方が変わった次の日の登校時、「ソラは大丈夫」と、胸が痛くならず見送ることができました。心配や不安などの恐れがなくなり、今のソラを受け入れたことで、明らかに私から発するエネルギーが変わりました。そして、「声が出ないソラに友達ができるはずがない」という予想は外れました。ソラのことを気にかけ、面白いことをして笑わせてくれる友達がいたのです。大人が勝手に「うちの子は無理」と決めつけることは、余計なお世話でした。

ありのままの子どもの存在を認めることと同時に、自分自身もそのままの自分でいいと受けとめてあげてください。どんな自分も自分。もし失敗しても次は気をつけようと対策を考えて、次に進んでいきましょう。

自己否定・罪悪感はいらないよ

「自分はダメなやつ！」「なんで、あんなことをやったんだ！」「おまえは最低だ、バカ！」このような言葉は、自分の心をナイフでグサグサ刺しているようなものです。自己否定や罪悪感は、ものすごくマイナスのエネルギーが高く、どんどんエネルギーが低くなります。私自身、自己否定を繰り返してきた経験者なのでよくわかります。あのころはとても辛かったです。

もちろん、仕事で失敗をしたときなどは、反省して、次の改善策を練ることが大切だと思います。でも、延々と失敗したことを思い出し、いつまでも自己否定や罪悪感で自分を責めていたら、仕事の効率は下がるし、免疫力も下がって病気にもなりやすくなります。

自分を責めることで、「罪滅ぼしになる」と思うのかもしれませんが、それは逆で、周囲の人たちにマイナスのエネルギーを伝染させます。やってしまったことは仕方がないこと。そんな自分にも寄り添い、OKを出して、反省し改善案を出して、

次へ進みましょう。

発達障害のあるお子さんをお持ちのお母さんたちの中には「こんなふうに産んでしまってごめんなさい」と、罪悪感で苦しむ方もいます。私は過去、当事者のこんな声を聞いたことがあります。「母が『発達障害に産んでごめんなさい』と、何度も泣くのだけれど、はっきり言って困ってしまう。私は生まれてこない方がよかったのか⁉」

確かに、子どもの立場からすれば、自分が生まれたことで、親に罪悪感を持ってほしくないはずですね。お母さんが悩めば悩むほど、「自分はお母さんを苦しめている。この世に生まれてこなければよかった……」と思い、自分を責めてしまうこともあります。

もし、あのとき、あの薬を飲まなかったら、もっと妊娠中に体を大事にしていたら、この子は発達障害になっていなかったかもしれないなどと思うことがあるかもしれませんが、何が原因なのかは今のところわかっていませんし、誰も悪くないと私は思います。

母親としての精一杯の愛情や責任感から、自己否定・罪悪感を持つこともあるでしょう。それも否定しないでください。自分の気持ちを受けとめ、気持ちに寄り添い、自分をよしよししてあげてください。もし、あなたの親友が同じように自己否定・罪悪感で苦しんでいたら、あなたはなんと声をかけるでしょうか？　そう考えて、まずはあなたがあなた自身の一番の親友になり、自分に寄り添ってあげてください。

「普通の子になりたかった」と子どもに言われたら

長男ソラは「リク（次男）は頭が良くていいな……」と、ときどきつぶやくことがありました。「自分は何度も勉強しているのに、忘れてしまうことがある。言葉もうまくしゃべれない。でも、生まれつきそうだから、仕方がない」「でも、本当は、みんなみたいに普通にできるようになりたかった」そんな思いがあったようです。

発達障害のある子どもたちは、少なからず「みんなと同じように普通の子になりたかった」と思うことがあるようです。ソラは「本当はママにわがままなことを言いたくないのに、言っちゃうんだよ」と、泣き出したことがありますが、子どもは自分のせいでママやパパ、先生、お友達をイライラさせてしまうことが悲しいのです。

でも、「りんご」が「みかん」になれないように、生まれ持った特性を根本から変えることはできません。与えられたカードで勝負するしかありません。もちろん、工夫をして困難を少なくし、幸せに生きることはできます。

「リクは頭が良くていいな……」とソラがつぶやいたとき、こんな風に言葉をかけました。

「ねえ、ソラ。人間は何度も生まれ変わるらしいよ。ピアノの練習をしたことがないのに、はじめてピアノに触れた小さい子が、いきなり素敵な演奏をしてしまうことがあるんだって。きっと、その子は前世でピアニストだったんだろうね。

他にも、この世界に生まれるのは、いろいろな経験をするためだという考えもあるそうよ。

ソラの前世は、お勉強が得意な子だったのかもしれないね。それで、今回はもっと違う経験がしてみたくて、お勉強が得意にはならなかったのかも。だとすると、弟のリクの前世は、言葉が苦手だったのかもしれないね」

そして、「一人ひとりに違いがあるから、いろいろな職業が生まれて、お互いを支え合っている。何かができる、できないに関係なく、みんなが大切な存在だ」ということについても、話をしました。

すると、ソラの中で何かの折り合いがついたようで、ふっと顔が明るくなりました。生まれ変わりについては、科学的に証明されているわけではありませんが、気持ちが前向きになれる考え方を取り入れることの方が、私は大切だと思っています。

みんなと全部同じにできなくったっていい！

我が子が「発達障害」と診断を受けた後しばらくは、現実を受けとめるまで時間がかかると思います。私は発達障害という世界に関わりがなかったので、なおさら不安に感じました。「発達障害」と診断されてしばらくは、「なんとかして普通の子に近づけないと！」という焦りから、他の子と比較して、子どもを追い詰める結果となりました。そんなさまざまな失敗をして私が学んだことは、「普通の子になることを目指すことは、発達障害の子にとって決して幸せなことではない」ということです。無理をしてがんばりすぎて、不登校や無気力、非行などの二次障害のような行動につながることもあります。それらをリカバリーすることの方が、何倍も何十倍も大変なことだと当事者の人たちは語っています。

みんなと全部同じようにできるようにならなくても、幸せになることはできます。

私の知り合いには、小学生のころプールや体育の授業に1回も参加できなくても、しっかり自立し、家族と幸せに暮らしている人がいます。他にも、子どものころは作文を書けなかったけれど、演出家になって自立している人や本を出版している人もいます。

私は「苦手なことはいっさいしなくていい」というスタンスではありません。工夫やスモールステップの繰り返しで、「できない」ことが「できる」ようになり、好きになることもあるからです。でも、どうしてもできないことだってあります。それはできなくてもいい。全部みんなと同じことができなくても大丈夫です！

子どもの将来に何を望みますか？　親の期待に応えようとがんばりすぎて力尽き、二次障害を起こしてうつになる人もいます。大切なのは、その子がその子らしく楽しく生きていけることだと思います。自分に合った仕事や環境で過ごせること、安心・安全が感じられる場所で生活できたら、こんなに幸せなことはありません。

根拠のない自信でいいので、「この子は将来、幸せに暮らしていける子。大丈夫！」そう信じてください。なかなかそのように思えない人は、関西弁の「よう知らんけど」みたいに枕詞をつけて、「なんか知らないけど、この子は将来、幸せに暮らしていける子。大丈夫！」と信じてください。

先のことは誰にもわかりません。未来を想像するのなら、いいイメージを思い浮かべてホッとしたエネルギーを感じましょう。不思議ですが、なんとかなってしまうものです。とてもそのように思えない方は、「もしかして、そうなるかも？」でもＯＫです。

コラム

合理的配慮で「できない」が「できた！」に変わる世界

目が悪い人がメガネをかけることは、当たり前になっています。もし、「特別扱いだからメガネは認められません」ということになったら、目が悪い人は、日常生活がとても困難になります。障害のある人も、何かの工夫をすることで障害が軽減し、生きやすくなるのであれば、「特別扱いだからダメ」ということはありません。

このような対処を「合理的配慮」といいます。この合理的配慮を行うことで、みんなが暮らしやすい社会になることを目的として、障害者差別解消法が2016年に施行されました。過度な負担になりすぎない範囲で、社会のバリアを取り除くために必要なサポートを求める権利があります。

学校ではオンライン授業が実施され、タブレットも使用できる環境になりつつあります。これは、読み書きが困難なLD（学習障害）の子たちにとっては、ぐんと勉強しやすくなるでしょう。

また、発達障害の子どもたちは、不器用な子（発達性協調運動障害／DCD）が多いのも特徴です。笛（リコーダー）の穴をうまく押さえられないために正確な音が出せず、発表会で演奏しないように言われることもあるそうです。そんなとき、ふえピタというシールを貼ったり、リコーダープラス（ヌーボ）という指で簡単に穴を押さえることができるリコーダーを使用するだけで、「できない」が「できた」になることもあります。こういうツールを使うことで、「特別扱いはできません」と言われて辛い思いをする子どもたちが少なくなるようにと願います。

第2章

特性のある子とHappyに暮らすための言葉かけ

子どもに対して、ついイライラしてしまう。
心配しすぎて、つい束縛してしまう。
そんなときは、この章を参考にしてください。
発達障害のある子と親が生きやすくなる
「言葉かけ」を具体的にまとめているので、
お子さんに合わせてアレンジしてください。

「いい母親にならなくては！」という呪縛を捨てよう

「いい母親にならなくては」という固定観念に縛られやすいのは優等生で育った人、あるいは、親が常識を気にしすぎる人だったのかもしれません。また、私のように「こんないい加減な私が母になっていいの？」との焦りがあると、「いい母親にならなくては」と、思い込む傾向があります。その呪縛は、「もっとがんばらなくちゃ」「人に頼ってはいけない」と、自分自身に厳しい基準を設けてしまいます。

では、誰から「いい母親」と見られたいのでしょうか？　それは、他人からですね。そのため、「あのママはしっかり子育てをしているのに、私はダメだ」「あの子はこんなこともできるのに、うちの子はダメだ」と、マイナス思考へまっしぐら。そして、子どもが自分の思い通りに動かないと、「なんで、○○ができないの！」「早くして！」と責め、その結果、子どもが泣き出してしまったら、「私は、怒ってばかりでダメな母親だ」と、自分を責める悪循環になります。

大らかなママは、他人と比較して自分を傷つけたりしません。例えば「○○ママはすごい」と、感心する。または「○○くんはこんなこともできるのね」と思うだけ。「あるがまま」で周囲の物事を捉え、良い悪いのジャッジもしません。子どもがいたずらしても、ゆっくり成長していても、それをただ受けとめるだけ。マイペースで今を楽しく生きているから悩まないのです。

無理せず、家事も「今日は疲れたからお惣菜を買おう」となるし、家事をしない夫にも（私がどれだけ育児で大変だと思っているの？　洗い物くらいやってよ。察して！）と、心の中でイライラするのではなく、「子育てで疲れちゃった。洗い物お願いできるかなぁ」と、ストレートに頼むことができるのでしょう。夫に「察して！」とイライラしていたのは、まさに過去の私です。「いい母親像」に縛られていた私は、人に頼ってはいけないと思っていました。

最近は理解あるパパも多いですが、男性には、「育児が辛いこと・家事が苦手であること」などを正直に説明して家事分担を頼むと、手伝ってくれる可能性が高いようです。男性は「察する」ことが苦手で、具体的に要望を言われないとわからないケースが多いからです。

「いい母親」の呪縛にかかっている人は、自分ががんばっているので、子どもにもがんばることを強要し、過剰にコントロールしがちです。でも、「自分らしく、自分のペースで生きる母親」は、気持ちに余裕があるので、人をコントロールすることはあまりしません。どちらが生きやすいでしょうか？

イライラするあなたへ「コントロール好き」であることを認めよう

昔から「子は親の鏡」と言いますが、周囲の状況は自分の心を写す鏡。子どもが荒れているとき、自分の心の状態や対応の仕方はどうだったか？　と振り返ってみることが大切です。親が笑顔で生活を楽しんでいれば、子どもも自然と笑顔になることを実感している方も多いのではないでしょうか。

ただ、発達障害があるお子さんは、感覚過敏などのさまざまな生まれ持った特性によって、たとえ親の機嫌がよくても、いきなり癇癪を起こすことがあります。園や学校で辛いことがあり、そのストレスから家で暴れることもあるでしょう。

「子どもが○○なのは私が悪いの？」と、親が自分を責める必要はありません。ただ、子どもの様子が気になるときに、自分自身を振り返ることは大切。例えば、「また、怒ってしまった……」と、反省することが多いのは子どもの勉強を見るときではないでしょうか。実は、親が子どもの勉強を見るのは、定型発達の子の親でもハードルが高いことなのです。他のお子さんが相手なら、勉強ができなくても「そうなんだね」と余裕でいられるのに、我が子には遠慮がないため、口調も怖くなりがちです。子どもがとんちんかんなまちがいをすると「はあ？（何を言っているの？）」

と、眉間にしわが寄ることも。この怒りの感情は、自分の思い通りに事が進まないからです。

イライラしたときは、自分が「コントロール好き女（男）」であることを認めましょう。私は自分がイラッとしたら、「出た！　コントロール好き女」と、客観的に自分を見つめて笑うことにしました。すると、イラッとした感情が収まります。また、表情筋の働きが脳をだますことを利用して、子どもに勉強を教えるときは、口角をキュッと上げるようにしました。すると、イライラしても、口調がきつくなりにくいのです。

また、長男ソラにこう伝えたこともあります。「ママは勉強ができてもできなくても、ソラのことが大好きなの。でもね、一生懸命になるとママは口調が怖くなるかもしれない。そんなときは『ママ怖い』って言ってね」と。その後、何度かソラから「ママ怖いよ」と言われました。私にとっては「これくらいで？」と思うレベルでしたが、おかげで、それ以上エスカレートしなくなりました。「わからない」と言う子どもが悪いと考えず、スモールステップ（P72～参照）で「何が（どこが）わからないのだろう？　どう教えたらわかるかな？」と、気持ちを切り替えられるといいですね。

心配より信頼
コントロールを手放すと得られるもの

私は以前、先回りして口を出しすぎていたときがありました。自分の考えが正しいと押しつけ、無意識に子どもを自分の思い通りに動かそうとしていたのです。しかし今は、不要なコントロールはだいぶ手放せたと思っています。まだ少しあるかもしれませんが、結果的に親子の関係はよくなりました。

私は長男ソラが小学5年生になるまで一緒に勉強していましたが、その後は徐々にフェードアウト。そして、中学生になって再び知的グレーのソラをフォローしたいと思い、一緒に勉強しようとしたら、みごとに反抗期と重なって「母、うざい！」と言われることになりました。「ママ大好き」と言ってくれていた従順な小学生時代が懐かしく思えたものです。ついにはリビングのドアに、「母、この家から出ていけ！」と、貼り紙がしてありました。（今は関係良好です）

発達障害のない次男のリクからも、「心配より信頼して」と言われたことがあります。「30分間勉強をしたら、ゲームをしてもいい」という我が家のルールがあったときのこと、私は子どもたちがちゃんと勉強しているのかどうかを疑い、ふすまの隙間からそっとのぞいていました。私自身が勉強をしているふりをして親をだましていた経験があるため、子どもたちのことを疑っていたのです。

ちなみに、中学時代にそうやって勉強をさぼっていた私は、楽勝で合格すると思われていた高校をみごとに落ちました。しかし、そのショックが反動となり、高校では真面目に取り組み、勉強・部活で開花。また、読書嫌いのまま大人になりましたが、ソラの障害がわかってからは本を読みあさり、読書好きになりました。そして、国語も作文も苦手でしたが、本を執筆することになりました。

勉強は興味を持つ事柄に出会ったとき、誰かに強制されなくても、自ら進んでやりたくなるものです。自分自身がそうだったくせに、私は子どもには勉強することを求め、自分の管理下に置こうとして、子どもたちに敬遠されてしまったわけです。

思春期になったら特に親の支配下ではなく、自分で道を切り開いていくことも大切。そう思って、思春期以降はゲームも時間制限なしに方針を変えました。「勉強しないで困るのはあなただから、考えてからゲームはしようね。あまりに成績が下がるようならゲーム時間は見直すよ」と、伝えました。その結果、ふたりとも私があれこれ声かけしていたときより、自主的に勉強するようになり、成績もアップしました。私が「勉強したの？」と疑うより、子どもたちの自主性に任せたことで余計なストレスがなくなり、改めて「心配より信頼」のよさを実感しました。

ABA（応用行動分析）で笑顔を引き出すコツ

長男ソラが3歳で話しかけても無反応だったころ、ABA（応用行動分析）という手法に出会い、「できない」とあきらめていたことが「できる」に変わりました。ABAでは次のようなステップを踏みます。発達障害の子はできないことが多いので、はじめから完璧を求めないことも大切。望ましい行動は強化（ほめる・承認）することで定着します。

スモールステップが大切

①何につまずいているのか原因を探り課題を小分けにして取り組む。

▼

②見本を見せて、やり方を教える。手助けする。

▼

③スモールステップで小さなチャレンジを繰り返す。できたらすぐほめる。

▼

④少しずつできることが増えて自己肯定感が高まり、親子が笑顔に。

望ましい行動が定着しやすい
ありがとう
あとで直せばいっか
ちゃんと干して！

子どもの笑顔を引き出す「ほめ言葉」実例集

できたことをほめる（認める）

○できたね！　やったね！　いいね。がんばったね。（お部屋が）きれいになったね。

○ナイスチャレンジ！（できなくてもチャレンジしたことをほめる）

○ここは、わかったんだね。（テストが40点でも、できたところに注目）

○ありがとう。ママ助かる。（お手伝いをしてくれたときなど）

△いい子だね ↓ 元々いい子の場合、いい子でいなければ……の呪縛にかかることも。

△やればできる！ ↓ 簡単にできたわけじゃない。できないこともあると不快になる子も。

△なんでもできる子だね ↓ なんでも完璧にやらなければの呪縛にかかることも。

途中の過程もほめる（承認する）

○そうそう。それでいいよ。がんばってるね。（文字）丁寧に書いてるね。（宿題）割り算やってるんだね。（子どもの行動をそのまま伝えるだけで、見守られていると安心します）

存在を認める（子どもを尊重する言葉かけ）

○ゲーム好きなんだね。（自分が好きなことを肯定されるとうれしい）、□□ちゃんかわいいな。大好き。□□の笑顔は人を幸せにするね。ママのところに生まれてくれてありがとう。

スモールステップで「できない」が「できた！」に

私が以前、訪問療育の場で出会った発達に凸凹があるMくんとのエピソードです。当時年長のMくんは、3歳のときに滑り台で勢いよく滑り背中を強く打って以来、滑り台を拒否していました。でも、6歳の今なら滑ることができるのでは？ 怖いものに挑戦し、「できない」という思い込みが「できた」に変われば、Mくんに自信がつくのでは？ と思いました。

そこで、ABAで大切なスモールステップで取り組みました。Mくんは滑った後に背中を打った恐怖があるため、滑る方から登ることにしました。まず私が見本を見せて、地面から1mくらいを目標にして、「ここまで登って来られる？」と誘いました。Mくんがトライしたら「おお！ いいね」と、ほめます。適切な行動を取った後にすぐほめることで、「その行動がよかった」と印象づけることを、ABAでは「行動を強化する」といいます。

次の目標は1m50㎝くらい。怖くてへっぴり腰になっていたMくんのおしりを少しだけ手で押し上げ、後ろからサポートしました。チャレンジは成功しましたが、その後Mくんは滑り台から離れていきました。私は「Mくん、怖かったよね。でも、チャレンジできたね。やったね！ 少しお休みしよう」と、一緒にどんぐりを拾ったりして、気持ちが落ち着くのを待ちました。ここで無理強いは禁物。こんなときは子どもの気持ちに寄り添う言葉かけが大切です。

しばらくして「もう少しだけ上へ行けると思うから、チャレンジしてみる?」と、Mくんの背中をそっと押して滑り台へ近づきました。そして、何度も再チャレンジ。目標を少しずつ上げ、「チャレンジできたね!」とほめました。できなくてもやってみる過程が重要です。

さらに、滑り台の上に楽しみがあるといいのかなと思い、Mくんが飼っている犬とお父さんに滑り台の上に登って応援してもらうことにしました。その結果、Mくんが前を見るようになり、滑り台のてっぺんに立つことができました。「チャレンジできたね」「勇気の魔法が使えたね」の言葉かけが、Mくんの力を取り戻す「魔法の言葉」となり、その後、Mくんの進化は加速していきました。

スモールステップでトライ!
次はここまで来れる?
共感する言葉が大切
怖かったね
怖い
でもチャレンジできたね すごい!

小さな自信の積み重ねでMくんに驚きの変化が！

前ページで滑り台チャレンジに成功したMくんの、その後のお話です。何度も滑り台に登って、滑るその顔は自信にあふれ、目が輝いていました。そして、どんどんいろなことにチャレンジしはじめ、ジャングルジムも下から2段目までしか登れなかったのが、一番上まで登ることができるようになりました。

ブランコも大きく揺れるのを拒否していましたが、それもできるようになりました。ブランコに乗るときに、怖さがあると下を見てしまい、より恐怖が高まります。そこで、Mくんの好きな動画に注目して目線が上がるように、お父さんにスマホをセットしてもらいました。そして、徐々に揺れを大きくすることで恐怖心を乗り越え、大きく揺れても大丈夫になったのです。その後はスモールステップで他の活動にも取り組み、みごとに自転車にも乗れるようになりました。

滑り台にチャレンジしていたときに意識したのは、「Mくん、勇気の魔法が使えたね」「チャレンジするのはすごいことだよ」と、何度も声をかけたことです。「できるようになる」のがすごいのではなく、「やってみること、チャレンジしたこと」がすごいと伝えます。その結果、「自分には力がない」から「自分には力がある」と意識が変換され、新しいことを「やってみる」というパワーにつながりました。最後まで登れなくて途中で終了しても、「ここまでがんばれた」とその過程を評価し、がんばれた自分のことを子ども自身が認めることが大切なのです。

Mくんの積極性はどんどん高まり、お父さんに市内の滑り台巡りをリクエストするようになり、後日、7mほどの高さがある滑り台から滑り出す写真が送られてきました。また、放課後等デイサービスを見学中、Mくんが職員に「近くに滑り台のある公園はありますか？」とリクエストしたそうです。初対面の人に対し内気なMくんが自ら要望を伝えたことにお父さんは驚いていらっしゃいました。自己肯定感がアップすると、いろいろなことにチャレンジしたいと思うパワーにつながります。小さなことでいいので何かにチャレンジする機会を持ってください。

できないのは、何が原因か考える。原因は一人ひとり違う

長男ソラは、幼稚園のお遊戯の練習のとき、棒立ちで動くことができませんでした。そこで、何が原因かを考えてみました。「動きがわからない」だけではなく、お友達と接触することが苦手な感覚過敏が原因かもしれないし、「お遊戯なんて恥ずかしい」と思っているのかも。その場合は無理に参加しなくても大丈夫。みんなの様子を見るという参加の仕方もありですね。

何が原因？（ソラの場合）

▼

家では、リズムに乗せて体を動かすこともある。やり方がわからないのでは？（踊りは嫌いではない）

▼

動画を撮って家でも練習しよう（担任の先生に相談）

▼

先生がスモールステップで教えてくれることに。「動作がわからないので、後ろから手をとって、どうやって体を動かせばいいか少しずつ教えてほしい」と提案

▼

楽しそうに踊れるようになる

※わからない動作は、まず見本を見せること。後ろから動作を介助して、自分で動いている感じを持たせてあげることが大切。

キッチンカウンターの上に登ってしまう3歳のTくん。危ないからやめさせたいけど、何度注意してもダメだったそうです。そこで、次の2つの対策を試していただき解決しました。

何が原因？（Tくんの場合）

▼

登りたい好奇心。ガス給湯のボタンを押したい欲求。注意された言葉が記憶に残らない？

▼

対策1

キッチンカウンターの上に、視覚支援の効果を期待して×と書いた紙を三角折りにして立てかける。「ここに登りたいのね（共感）。でも、危ないから登りません。×です」と、ジェスチャーとともに伝え、立てかけた×を指差す

▼

対策2

「ここのボタンを押したいときは、ママが抱っこします」と伝える

▼

給湯器のボタンを押す欲求まで禁止されず、代替行動のソファの後ろの開かない出窓に登るのはOKにして改善。登ろうとしたときは、なるべく未然に防ぎ「がまんできたね」とほめる

発達障害の子と親がぐんと生きやすくなる言葉かけ

子どもの気になる行動をいちいち監視員のように注意していたら、一日中、小言を言うはめになります。死ぬかもしれないこと、これだけはやめてほしいということ以外は、大目に見ることも大切です。「しょうがない。ま、いっか」を口癖にして、ゆるさを持ちましょう。「こうでなければ！」の「0か100か思考」の人は、子どもが自分の理想通りに動かないことにイライラして、心地よい時間を過ごしていません。「私、今、余裕ないんだな」「自分の時間を楽しんでいないな」と自覚しましょう。（P155～のまとめワークで心をゆるめてください）

「ま、いっか。しょうがない」と、エゴキンマンにやられず切り替えることができたら、ノートに書き留めて自分をほめ、ポイント制にしてポイントがたまったらご褒美を設定。親子で取り組めたら楽しいですね。発達障害のある子どもたちも、何かうまくいかなかったとき「ま、いっか。しょうがない」の言葉が言えるようになると、ぐんと生きやすくなり笑顔が増えます。

子どもへかける言葉は、子ども自身を尊重し、自分が言われても、子どもが言われても心地よいと思えるものを選ぶことがポイントです。

禁止・命令言葉は肯定語・丁寧語・疑問形に変える

✕「片付けないとゲームやらせないよ！」↓〇「片づけたらゲームしようね」

✕「（階下を気にして）バタバタ走らないで！」↓〇「忍者走りにしてね」（音がしないようにつまさき立ちで走る。子どもは面白がってそうっと走ってくれます）

✕「早くお弁当箱を出しなさい！」↓〇「お弁当箱は出したかな？」

✕「食べたら、食器を運んで！」↓〇「食べたら、どうするんだっけ？」（子…あ、運ぶんだ）

問題が起きたときには、あわてずゆっくり話を聞きとる

✕「（あなたは）なんで、そんなことしたの？　ダメな子ね！」

↓

〇「何があったのかな？」

（子どもを責めず、否定しないで話を聞く「傾聴」が大事）

「そっか。〇〇されて嫌だったのね」（オウム返しで子どもの話を繰り返す）

「どんな気持ちだった？」（子どもの気持ちを質問してみる）

もし「わからない」と言われたら、「バカにされて悲しい気持ちになった？」と、子どもの感情を予想して伝えます。気持ちに寄り添い話を聞くだけで子どもは落ち着きます。我が家では「バカと言われた」には、「バカと言った方がバカだから」と、教え込んでいました。

頭の中の「イライラ虫」を落ち着かせる言葉かけ①

P48の「問題行動・癇癪の子どものせつない思い」で書いたように、長男ソラは小1のころ、勉強中に問題をまちがえるとイライラして自分の頭を叩くことがありました。そんなときは、頭を叩きそうになる腕を私がつかみ、「がまんできたね」「イライラするのは頭の中にイライラ虫がいるからだよ」「少しずつがまんできるようになるとイライラ虫がいなくなるからね」と言葉をかけ、自分を客観的に見られるようにし、「こういうときは『まちがえちゃった』って言ってみよう」と、伝えました。脳が2つのことを同時に考えることができない特性を利用し、叩く行動への意識から、代替の言葉を言うこと（代替行動）へ意識を向けるように練習しました。

また、笑いの力も利用。叩きそうになったら腕をつかみ「ママのチューが足りないのね〜」と押し倒してチューの真似をします。笑いが起きて怒りがどこかに飛んでいく効果がありました。

そして、勉強の前に毎回「失敗やまちがえることは悪いことではないよ。まちがってもOK。まちがいに気づけることはすごいことだよ！　チャレンジすることがすばらしいよ」「ママは、ソラができてもできなくても大好きだよ」と、言葉をかけました。そして、寝る前には「ソラは大人になっても幸せに暮らせる子だから大丈夫だよ」と声をかけました。寝る前がもっとも潜在意識（無意識）に言葉が入りやすいと聞いていたからです。

小学校で普通学級に通っていたため、周囲についていくのが大変だったソラは、「僕はダメな子だ」とマイナスなことを言っていましたが、しばらくして「僕、大人になっても大丈夫かも」と言うようになりました。毎晩の言葉かけは、子どもの脳にも私の脳にも自己暗示をかけ、「なんか知らないけど大丈夫かも」と思える効果がありました。そして、これらの言葉かけを根気強く続けたところ、まちがえても頭を叩かず「まちがえちゃった」と、淡々と消しゴムで消せるようになったのです。

頭の中の「イライラ虫」を落ち着かせる言葉かけ②

子どもが家でイライラを発散するようなら、家が安全な場所だと思っているということ。とはいえ、子どものイライラはなんとかしたいですね。

Cくんは幼稚園のとき、家でお母さんを叩いてきたそうです。園でのストレス、言葉で表現できないストレスなどによるイライラをお母さんにぶつけていたのでしょう。叩いてくる原因がわからなくても、このような対応はＮＧです。

NG
何するの
やめて
さらに
叩いてくる
NG
わたしが
受けとめ
なくては…
叩き続ける

Cくんのお母さんには、「ママ（自分）は〇〇と思う」とIメッセージ（「私」を主語にして意思を伝えること）でCくんにはっきりとNOと言ってもらい、子どもの気持ちも受けとめたうえで、クッションを叩くという代替行動へ導くことを取り組んでいただきました。

その結果、Cくんは代替行動による気持ちの切り替えで、叩く欲求も満たされて落ち着いたそうです。落ち着いたら「イヤなことがあったの？」「そうなんだね」と、子どもの話を聞いてあげましょう（傾聴）。話したくないなら無理にしなくても大丈夫。イライラした気持ちを受けとめてもらえ、「イライラ虫のせい」と分けて考えられると、気持ちを切り替えやすくなります。子どもの年齢や暴力の程度によっては、別室でクールダウンするといった対応も有効です。

ママは
叩かれるのはイヤ
悲しいから
叩かないでほしい
イライラするのは
頭の中にイライラ虫が
いるからだよ
イライラするときは
クッション叩いて
スッキリしちゃおう！
ボコボコ

「おしゃべり虫」を落ち着かせる言葉かけ

小学2年生のKくんは、授業中どうしてもおしゃべりをしてしまう、お友達があてられても自分がしゃべるなどでよく先生に叱られていました。そこで私は、Kくんの中に「おしゃべり虫」がいることにしました。「授業中におしゃべりしたくなったら、胸をギューッとつかんでみることで、おしゃべり虫が落ち着くかもしれないから、試してみよう」と伝えました。

まず、家で10分ほどでできるプリントに取り組む前に、おしゃべり虫を抑える動作をします。その間しゃべらずに集中できたら「できたね」と、ほめます。その取り組みを続けるうちに、Kくんは「あ、おしゃべり虫が出てきた。ううーん」と、自分で胸をつかんでは「はあ〜、しゃべらんかった！」と、面白がって何度かやっていたそうです。

その後は授業中も胸をぎゅっとつかみ、おしゃべりしてしまう衝動性をがまんできるようになりました。これも、脳が同時に2つのことをすることができない性質を利用した代替行動です。

担任の先生は子どものマイナス面に注目しやすく、注意が多くなりがちなので、いい行動に注目してもらうため、連絡帳に花丸と○をつけてもらうことを提案。Kくんが一日中しゃべらないのは大変なので、スモールステップで取り組めるように時間割ごとに印をつけてもらいました。

おしゃべりをがまんできたら◎（花丸）
おしゃべりを少ししたけど、がまんできたら○
おしゃべりしてしまったら、×ではなく、何も書かない。

その結果、Kくんの自信につながり、先生もよい面に注目するきっかけになったそうです。

Kくんは、小1のときから、ADHDの薬（ストラテラ）をごく少量服用していましたが、服用してもおしゃべりの衝動性が止まらなかったので、おしゃべり虫を登場させることで衝動性が落ち着きました。しかし、その後服用をやめると、落ち着きがなくなったそうで、服用を再開し落ち着くことができました。今は小5になり断薬を考えているそうです。

困った行動は3つに分けて行動を観察し、対策を練る

ABAには、「困った行動は3つに分けて行動を観察し、対策を練ろう」という視点のABC分析という考え方があります。「行動」にあたるB（左図参照）の部分だけに着目するのではなく、その前の状況で何があったのか？　そこに原因があるのではないか？　と見つめ直す考え方です。

例えば、シートベルト着用義務化前は、事故に備えてシートベルトを締めた方がいいとわかっていても、ほとんどの人はシートベルトをしませんでした。しかし、シートベルト着用が義務化され、していないと罰金が科されるようになり、シートベルトの着用率が上がりました。

Ⓐ（前の状況）
↓
Ⓑ（行動）
↓
Ⓒ（結果）

1

Ⓐシートベルト着用が義務化されていない
↓
Ⓑシートベルトをしない
↓
Ⓒ罰金がない

▼

シートベルトが定着しない

2

Ⓐシートベルト着用が義務化
↓
Ⓑシートベルトをしない
↓
Ⓒ罰金がある

▼

シートベルトが定着する

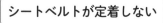

子育ての場合は、罰に頼る方法は長期的に見てうまくいきません。子どもを怒鳴りつけ、罰を与えてコントロールし、無理やり何かをやらせ続けた場合、反抗期が来たときに爆発して家庭内暴力に発展することがあります。また、子どもがコントロールする親に反抗できない場合は、「怒られないように」と常に人の顔色をうかがって行動するようになり、自分の感情を押し殺し、無理をして精神的に病んでしまう場合もあります。

親子関係を良好に保ち本人の自発性を伸ばしていくためには、罰よりご褒美の方が有効です。

脅しではなく、楽しいことでモチベーションを上げる

北風と太陽の、脅しではない太陽アプローチで「やりたくない」が「やる！」に変わった事例をご紹介します。私の知り合いのHさんは定型発達の方ですが、大人になっても寝る前に歯をみがく習慣がありませんでした。奥歯も抜け、多くの人から「そのままでは歯がなくなる。大変だから歯をみがいて」と言われましたが、その方がいいとわかっていても、ついみがかないで寝てしまうそうです。

Hさんは「みんな怖いことを言うから嫌」「怖いからと歯をみがいても、がまんしているからイライラがつのる」「恐怖のコントロールは嫌だ」と言います。そこで、そばにいた友人が「じゃあ、歯をみがいたら足つぼマッサージ10分間してあげる」と言いました。するとHさんは、「それならやる！」と、やる気になったのです。これを、ABC分析で見ると左図のようになります。

やりたくない歯みがきを自発的に行動するために、「足つぼ」というご褒美（モチベーションを上げる工夫）を提案することで、喜んで行動するようになった事例です。行動が定着するまで、ご褒美を与えることは有効。習慣になったら徐々にご褒美をフェードアウトしていきましょう。

大人も仕事の後のビールを楽しみにがんばれることがありますよね。それと同じです。モチベーションは有効に利用しましょう。

【脅しではなく、モチベーションを上げる工夫をする】
自発的に行動しやすい

Ⓐ歯をみがいたら足つぼマッサージするね（周囲からの脅しなし）

▼

Ⓑ歯をみがく

▼

Ⓒ足つぼの喜び、コントロールからの解放を得る

【周囲から脅される】
自発的な行動にならず、行動が定着しにくい

Ⓐ歯をみがかないと大変なことになるよ（脅し）

▼

Ⓑ歯をみがく

▼

Ⓒコントロールからの解放を得られずイライラがつのる

望ましい行動を定着させる方法

歯みがきの例を子どもの場合で考えると、「歯みがきしたら、シールを貼るね。それが、30枚たまったら、ディズニーランドに行こう」など、表を作ってモチベーションを高めることもできます。30枚が無理そうな場合は、「10枚たまったら、ハンバーガーショップでポテトを食べよう」など、シールをためる枚数を子どもによって調整します（10枚が無理そうなら3枚になど）。この表を「トークン表」といいます。トークン表を活用することで、よい行動を習慣化する効果があります。

よい行動を定着させるためにもっともハードルが低いのは、そのつどご褒美をあげることです。歯みがきの場合なら、みがいたらすぐに子どもが好きな絵本を読む、気持ちいいマッサージをするなどのご褒美をあげると喜んで行動しやすくなります。それにプラスして、「30枚たまったら、ディズニーランドに行こう」のご褒美があれば、さらにモチベーションは高まります。それが習慣になれば、ご褒美はいらなくなります。

他に、歯みがき自体に興味を持たせる方法もあります。例えば、歯みがきの絵本を読んだり、ぬいぐるみを使って歯をみがく練習をすることで興味を持つ子もいます。「ママの歯をみがいてください」と、子どもにママの歯をみがいてもらったり、パパの歯をみがくことにして、後ろから、子どもの手の上に自分の手を添えて、「1、2、3、4、5」のように回数を声かけしながら、歯ブラシを動かすことを体験させるのもいいですね。このような経験をすることで、歯みがきに興味を持ち、「自分の歯もみがいてみよう」と思うようになることもあります。

また、歯みがきするときだけ見られる、とっておきの動画を用意してあげるのもひとつの方法です。動画を見せて親が仕上げみがきをすることで、子どもにとって歯みがきの時間が「いい時間」となり、抵抗が少なくなる効果もあります。

ABAで心がけたい注意点

ABAの働きかけは、スモールステップで子どもの自信を高める学習法のひとつですが、注意点もあります。「子どものいいなりではなく、主導権を大人がとりましょう」というABAの基本的な考えがあります。その考えに忠実なあまり、子どもの意見を聞かず、親がすべて指示を出して子どもが行動する習慣がついてしまうこともあります。指示がないと動けない指示待ち人間にならないよう、小さいときから子どもの意思を尊重し、選択させる機会を取り入れましょう。

言葉の発達が遅れていて選ぶことが苦手な子でも、好きなおやつと嫌いな食べ物（差異が明らかなもの）を見せて「どっちがいい？」と質問すれば、好きなおやつに手を伸ばすはずです。「自分で選べる。自分の考えを尊重される」という喜びを体験させましょう。

なんでも子どものいいなりになるということではありません。子どもが自分の欲求を通すために暴れたとき、動揺していいなりになると、子どもは「暴れると自分の要望が通る」と学習してしまいます。適切な行動を繰り返し教えることも大切です。

いっぽうで、子どもがしたいことをする時間も尊重しましょう。家でのびのびできれば、子どものストレスは発散されます。例えば、小学6年生になっても親に抱きついてくるのなら「外ではやらない」というルールを作り、家ではOKにしてください。スキンシップはオキシトシンという心を落ち着かせる幸せホルモンが出る効果もあります。感覚過敏でスキンシップが苦手な子は布団などでグルグルに体を巻き、その上から強く抱きしめられると安心するそうです。また、お母さんがスキンシップが苦手なら、寝転がって絵本を読むのでも子どもは落ちつきます。

また、不適切な行動を無視して消去する方法がありますが、その行動が「悔しさ、悲しさ」などが原因の場合は、「悔しかったね」と共感する言葉をかけてあげてください。不適切な行動を無視され続けると、子どもの心は置き去りにされてしまいます。

できるようになったら徐々にほめることをフェードアウト。ご褒美のために動くのではなく、「自分が心地よくなるため」に行動する意識を持たせることが大切です。そのためには、歯みがきはなぜするのかなどの理由を説明します。脅しではなく、リスクを説明し「あなたはどうしたい？」と選択させることも大切。そして、I（私は）メッセージで「ママ（私）は虫歯にならないように、歯をみがいてほしい。歯みがきが習慣になるように対策を一緒に考えたい」と提案してみましょう。

もしパパやママが疲れていて、笑顔で家庭学習に取り組めず、イライラしてしまうときは、休んでリフレッシュしてください。イライラしながらの学習は、お互いのために非効率です。親子で楽しいと思える学習が、子どもの成長を促進させます。

子どもにパワーを与える言葉かけ

♥人から嫌なことを言われるかもしれないけれど、それを自分の中に入れるかどうかは、自分で決められるよ。

♥相手の機嫌が悪いのは、その人の問題。あなたのせいではないよ。その人は幸せでないのかもしれない、愛のエネルギーを送ってあげよう。

♥自分が自分の1番の親友になろう。自分にやさしい言葉をかけよう。結果が出なくても、それまで取り組んだことを認めてあげよう。

♥ママは「こうした方がいいんじゃない？」とかいろいろ言うけど、決めるのは、あなただよ。

♥全部できなくてもいい。途中で終わっても、そこまでできた自分に「いいね」しよう。チャレンジしている過程を楽しもう。今はうまくいかなくても、いつか、もっといい形でやってくるよ。

♥みんなと全部同じことができなくても、大丈夫。みんな違いがあるから、世界は面白い。できないことは助けてもらってもいいんだよ。○○も人を助けてあげられたらうれしいよね？

♥笑いはみんなを幸せにするね。失敗したことは「また、やっちゃった。うける！」と、笑い飛ばしていいよ。そして、次をどうすればいいか考えよう。自分らしく、楽しく生きていこう。

※P82で紹介した言葉かけ例も参考にしてください。

第3章

親子ともに自分らしく楽しく生きるために

発達障害のある子の子育ては悩みが多いもの。
親は落ち込み、自分を責めることがあります。
だけど、子どもはお母さんやお父さんの笑顔が好き。
親も子も自分のことを大切にして、
毎日を楽しく笑って生きられるように、
ちょっとした心がけのヒントをまとめます。

自分の考え方のクセを理解する

私たちの意識は、5%は自覚できる顕在意識ですが、95%は自分でも自覚できていない無意識（潜在意識）なのだそうです。それはよく、氷山モデルに例えられます。

感情も同じです。「○○にバカにされた！」という相手に対する表面的な怒りは、表に見えやすい5%の感情（顕在意識）でしかありません。残りの95%の感情（潜在意識）を見つめると、「バカにされて悲しい」「認めてもらえなくて悔しい」などのむなしさ・寂しさが奥に潜んでいることがあります。

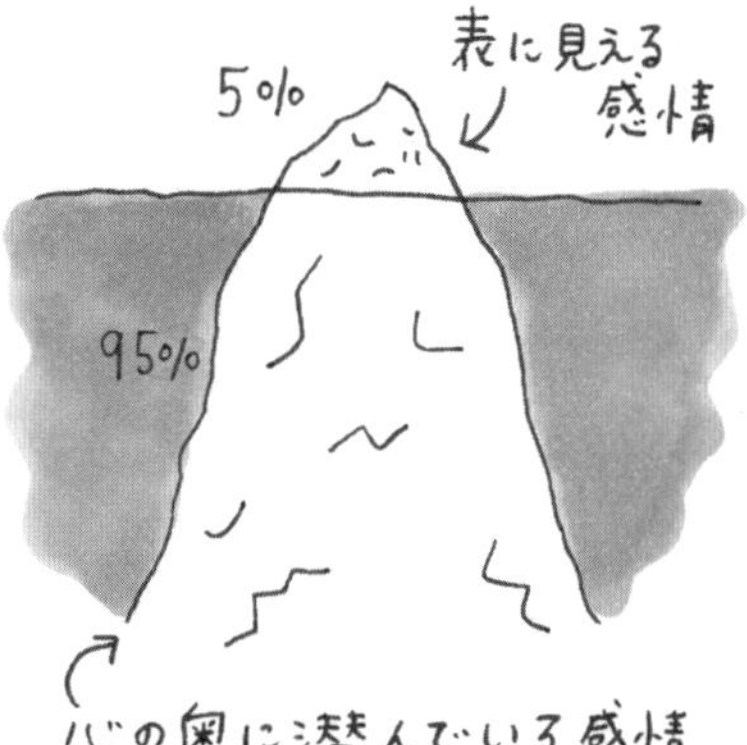

この本のはじめで紹介したエゴキン度数が高いと、あいつが悪い、私は悪くない！と、どんどん相手へのうらみが高まるかもしれません。また、バカにされたことを受け入れてしまい、「私はダメなやつだ。私には生きる価値がない。そういえば前にもこんなことを言われた。私は、みんなに嫌われている」と負のループに入り、エゴキンマンにやられまくることになります。

自分の考え方のクセを知り、同じようなパターンで気分が悪くなったら、「あ、また、エゴキンマンにやられている。必殺技にかかっていた」と、自分の考え方のクセを客観的に見つめましょう。何度も気づいて、どんな自分もＯＫにして、「○○だから、□□と思っちゃったんだね」と自分に寄り添うやさしさを持つことで、エゴキン度数は低くなります。

寄り添う必要もないという場合は、「あ、これエゴキンマンだった。さようなら〜」と宇宙に見送りましょう。

気分の悪いときは？
それはエゴキンマンの仕業だ！

4つの思考癖

過去の嫌な出来事と未来の不安に苦しむ人が多い

私たちの脳は1日に6万語くらいの言葉を思い浮かべるといわれています。その言葉がマイナスのもので占められていたらどうでしょうか？　私は数年前まで、毎日、過去の失敗を思い出しては自分を責めていました。ひとつの出来事だけでは終わらず、芋づる式に嫌な過去の出来事を次々と引っ張り出して、自分を責め続けるドMちゃんでした（笑）。

ある日、私は夫に「過去の嫌な思い出、どうしてる？」と聞きました。すると、夫は「考えるのをやめる」と答えました。私はそんな選択肢があるのか！　と驚きました。友達に聞いても「忘れちゃうから思い出さない」とのこと。人それぞれ、感じ方は違うんだとわかりました。

そこで、全国の講演先で次の4つの思考癖があるか、参加者の方に質問してみました。

どのタイプ？

①【過去】の嫌な出来事＆【未来】の不安に苦しむ（過去と未来、両方苦しむ）
②【過去】の嫌な出来事だけ引っ張り出して苦しむ（先のことは考えても仕方がない）
③【未来】の不安だけ考えて苦しむ（過去は終わったことだし、忘れて気にならない）
④【過去】も引きずらず、【未来】もなんとかなるさ～（今を生きる）

その結果、過半数の方が思考癖①に手を挙げました。過去の失敗を思い出し、未来の不安を考えて悩んでいる方が多いということです。想像以上の多さに驚きました。②、③、④はそれぞれ同じくらいの人数でした。その中で注目すべきは、④の悩みから解放されている人たちも、過去は①や②、③にはまっていた人が少なくないということ。つまり、思考癖は変えられるのです。

私も過去は①の「過去の嫌な出来事と未来の不安」に苦しんでいました。だけど今は、④の「過去にも未来にもとらわれずに、今を楽しく生きる時間」が多くなりました。さまざまな思考法や心理を学び、経験を通して、楽に生きることができるようになったのです。

もちろん、いまだに落ち込むことはあります。②や③をウロウロすることもあります。でも、エゴキンマンを知ったことで切り替えがとても速くなりました。そこでこの章では、過去や未来の不安にとらわれず、楽になるコツをお伝えしたいと思います。

「恐れ」ではなく「愛」で世界を見る

私がネガティブ思考だったとき、世の中を「恐れ」で見ていました。世の中は敵が多いから、自分に自信がないことを悟られないようバリアを張り、自分を強く見せようとしていました。被害者意識も強く、「私は悪くない。○○なのは□□のせい」、「だって」「でも」が口癖でした。問題が起きて相手と考えが違うときも、無意識に「あなたはまちがっている（私が正しい）」と、自分の考えをゴリ押しするところもありました。

『発達障害の子どもを伸ばす 魔法の言葉かけ』を出版する前、心理について学んでいました。当時、支援者として活動していた私は「支援者はいい母親でなければならない、支援者が子育ての悩みを持つのはおかしい」と思い込んでいました。でも、私が息子の心配をしていたことは周囲にバレバレでした。

自分の弱さを見られないようバリアを張っていたある日、その勉強会でグループに分かれて、3人で話をする時間がありました。すると私以外の人たちが、子育ての失敗や悩み、そのときの自分の恥ずかしい心情を赤裸々に語り始めたのです。私はそのことに衝撃を受けました。弱みを吐き出していいんだ。むしろ、弱さを見せてくれることで共感でき、勇気をもらえる。私も、息子の心配をしていることを伝えてみよう、と思えました。その場所が「安心・安全」な「愛」の空間だと思えて、自分の子育ての悩みや不安を涙ながらに話したことを覚えています。

あのとき私は、自分の弱さを認め、オープンに話をすることで、世の中を「恐れ」ではなく、「愛」の世界で見ることができました。

「恐れ」を感じてはいけないということではありません。不安に感じる防衛本能がなかったら、危険を察知することもなく、車が来ても飛び出してしまうし、ピアノの発表会があっても、不安を感じなかったら一生懸命練習することもないでしょう。バランスが大切だということです。

あなたは、「恐れ」と「愛」のどちらで世界を見ていますか？　同じ事柄を見ても視点を変えることを心がけてみましょう。

お互いのために離れる時間も大切

発達障害の子の子育てでは、幼少期から小学生時代が一番、親の心が揺さぶられるかもしれません。ひとりで抱え込まず、医療や福祉とつながり、リフレッシュする時間を持ってください。「家事が好きな人」「家事が苦手な人」がいるように、「子どもと遊ぶのが好きな人」「子どもと遊ぶのが苦手な人」がいて当然だと思います。私は、両方とも苦手なタイプです（子どもとたまに遊ぶのは楽しめます）。でも、幸い近くに母がいたので、子育てで息抜きをすることができました。幼稚園に通う前、保育園の一時保育にたまに預け、リフレッシュする時間も作りました。そのリフレッシュする時間があったからこそ、『発達障害の子どもを伸ばす 魔法の言葉かけ』の本で紹介した丁寧な関わりができたのだと思います。

発達障害の子の子育ては、言った通りに動いてくれない、話を聞いてくれない、どうすればいいかわからないとイライラして疲弊することがあります。イライラしたまま子どもと関わるより、信頼できるところに子どもを預け、子どもと離れる時間を持つことが大切。お互いにリセットした方が、よりよい時間を過ごすことができます。

「親が子どもを見るべき」という考えを持つ人から、何か意見されるかもしれませんが、「あなたはそう思うのですね」で終了しましょう。あなたの苦労をその人は知りません。発達障害のある子どもと一緒に暮らしてみないと、その困難さはわからないものです。

発達障害のことを知らない人からは、「親の教育が悪い。なんとかしてください」と言われることもあるかもしれません。そういう人たちは、知らないだけで、事情を知ると応援者になってくれることもあります。あるいは、説明しても理解してもらえないこともあるでしょうが、そういう人とは、距離を置きましょう。「どんな人と付き合いたい？」と自分に問いかけ、無理はせず、自分が心地よいと感じる人たちと付き合いましょう。

親に余裕が無いと
ピーマンもちゃんと食べなさい!!
プイ
キライ
リフレッシュ
リフレッシュできると
同じことをされてもイライラしません。
おいしー
ピーマンちょっとだけ一緒に食べよ!
プイ
キライ

特性を開示して理解してもらおう

特性を周囲に伝えることの大切さは、何度も身をもって体験しました。長男ソラが6歳になったとき、「ピアノを習いたい」とつぶやいたので、同じマンションにあるピアノ教室に通うことになりました。そのとき、ソラは場面緘黙になっていましたが、マンツーマンだから声を出す必要はないと思い、ソラの特性を先生に伝えていませんでした。すると数か月後、ソラが「先生が怖い」と言い出しました。私は、話しかけても黙っているので「やる気がない」と思われたのかもと思い、場面緘黙であることや、言語力が未熟なため言われていることが理解できず固まることがあるかもしれないなどの特性を伝えました。その後、先生に理解していただき、対応がやさしくなったようで、発表会も経験して、楽しく小学6年生まで続けることができました。このとき、特性を伝えて理解・配慮していただくことは大切だと思いました。

小学校入学前は校長先生と面談し「場面緘黙なので、できれば威圧的な先生ではなく、温和な先生だと息子が安心します。ご配慮いただけるとありがたいです」と伝えました（「温和な先生にしてください」と圧をかけて伝えないように注意しました）。もし思い通りにならなくても仕方がないと心に留めておきましょう。また、担任の先生にもソラの発達特性と無理に声を出させると余計に場面緘黙が悪化することなどを伝えました。担任の先生はクラスメートに「みんなも前に出てお話すると緊張するよね？　ソラくんはその緊張がとても強くて声が出ないかもしれないけど、『声を出して』と責めないでね」と伝えてくださり、クラスメートから声を出すことを強要されることはなかったようです。逆にどう話しかけたらいいだろう？　と考え、「うなずき」と「首振り」で答えられる、イエス・ノーの質問を考えて話しかけてくれる友達もいました。

また、私は読み聞かせの役員などになり、クラスを訪れたら「ソラは面白いことが好きなので面白いことをして笑わせてください」と伝えました。小学校でみんなについていくのは大変だったようですが、お友達が笑わせてくれることでソラの心はほぐれ、教室は安心・安全な場だと感じたようです。小学1年生の夏休み明けに、ごくごく小さな声が出るようになりました。

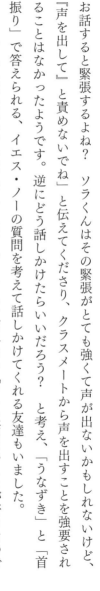

家で発達障害をオープンにする効果

ソラが高校生になったときのことです。インターネットで友達とやりとりを積極的にするようになり、いきすぎた発言などで友達から苦情が来て、ソラが落ち込む出来事がありました。

そんなある日、私は自分の妹から「なんだかお姉ちゃんの家の中では、発達障害がオープンになっていない感じで、違和感があるんだよね。家で発達障害がオープンになっていないと、ソラが人間関係でうまくいかないとき、自分の特性を説明してはいけないと思ってしまうのでは?」と言われました。さらに、「言葉でうまく説明できないことや、コミュニケーションが苦手なことは自己開示していった方が、人間関係もうまくいくんじゃないかな?」とも。

そう言われて確かにそうだと思いました。発達障害の告知は小学5年生のときにしましたが、その後、発達障害について、家の中で話題にしていなかったかもしれません。夫がソラに数学を教えながら、「なんでわからないの? ○年生でやっただろう」と言うのを聞き、「発達障害だから、忘れてしまうのは仕方がない。こちらが教え方を工夫しないと」と、心の中でモヤモヤしていたことがありました。

その後、私は家で発達障害について、オープンに話をすることを決めました。そして、夫から

同じようなソラへの突っ込みがあったとき「それが、発達障害（あるいは、生まれつきの発達特性）なんだよ。忘れてしまうことは、仕方がないことなんだよね」と伝えると、夫も冷静に教えてくれるようになりました。ただ、「俺は発達障害だから、できないのは仕方がない」と開き直って何もせず、すぐにあきらめるのは違うと思います。発達障害であっても、やり方を工夫するとできることもありますから。

家族同士でも発達障害について気軽に話せる雰囲気があるといいのかなと思います。みんなどこかしら違いがあって、みんなちょっと変なのだから、違いを認め合い、楽しむ雰囲気が家庭にあると、社会でも多様性を尊重する流れが加速するのではないでしょうか。

心地よい「エネルギー」を大切にする

部屋に入り、「あ、この雰囲気はまずい」と、嫌なエネルギーを感じたことや、逆にドアを開けた瞬間に「わ、いい感じ」と心地よいエネルギーを感じた経験はありませんか？

いじめっ子といじめられっ子の関係でも、この見えないエネルギーが関係しているという考え方があります。いじめられっ子が「今日もいじめられるんじゃないか」とビクビクしてマイナスのエネルギーを出してしまうと、そのエネルギーをいじめっ子が感じ取り、「なんだ、こいつ？」といじめてしまうことがあるそうです。（もちろん悪いのはいじめる方です）

子どもに対しても親が「この子は今日もまた機嫌が悪くなるんじゃないか」とビクビクしていると、そのマイナスなエネルギーが伝わり、子どもがイライラして親に当たり散らすことがあります。マイナスなことにフォーカスすることが習慣になっている人は、不安や恐れのエネルギーを自分から出しているため、不安や心配なことが起こりやすくなります。

長男ソラが小学1年生で場面緘黙になり、学校で声が出なくなったとき、私は不安に押しつぶされそうになり、一緒に苦しくなっていました。

そんな中、夏休みに東京から広島へ行き、2週間安い民宿に泊まるとガラリとそのエネルギーが変わりました。私と子どもふたりと母とで広島に滞在し、音楽をかけながら自然の中をドライブ。ウォータースライダーや山や海など自然の遊びを堪能し、大好きなお好み焼きを食べる日々。「楽しい」「おいしい」「自然に癒される」などのいいエネルギーを親子で補充していたある日、ソラが「今、(民宿の)お兄ちゃんに話しかけてきた」と言ったのです。知らない人に話しかけるなんて、生まれてはじめてのことで、場面緘黙ではありえないことでした。このとき「心配でなく、心地よいエネルギーを感じることは大切」と、痛感。子どもも「楽しく心地よいエネルギーを感じることは、力を養うことになる」と確信したのです。エネルギーをたっぷり充電したことが、夏休み明けに学校で小さな声が出ることにつながったのかもしれません。

親である私のせい？ と感じている方へ 子どもが見たいのは親の笑顔

私が幼稚園の年長児だったとき、幼稚園の担任の先生が、私のことについて「この子の将来が心配です」と、母に伝えたそうです。場面緘黙で声が出ず、お友達と関わるのも怖くなり、クラスの掃除用具入れの中に隠れては、ドアの隙間からお友達の様子を見るようになっていたからでしょう。

そのとき、母はショックを受けたそうですが、「私が変われればこの子も変わるかも」と思い、人前に出ることは苦手だったのに、思いきって幼稚園の保護者会の会長に立候補。母は人前での活動をほとんどしたことがなかったので、清水の舞台から飛び降りるくらい勇気がいることだったそうです。

そして、家でスピーチの練習をする姿や、仮装をして幼稚園のイベント準備に楽しそうに取り組んでいる姿などを見せてくれました。そのときの母は決して私に「あなたのことが心配なのよ」という素振りを見せませんでした。そ

のことが心地よく、母からよいエネルギーを受けたからなのか、私は1年ぶりに幼稚園で小さい声が出るようになったそうです。

もちろん、緘黙になるのは、親が原因ではありません。「親が変われば、子どもも変わる」ということは、親である私のせい？　と思われてしまう方もいるかもしれませんが、そうではありません。私が伝えたいのは、過度な心配オーラを子どもに出してしまうことは、マイナスエネルギーが伝わってしまうので、気をつけてほしいということです。

自閉スペクトラム症のベストセラー作家、東田直樹さんも、「子どもが見たいのは親の笑顔です。自分のことで親が苦しんでいるのは辛い」とおっしゃっています。障害児を抱える母親は、療育に懸命になり「私は楽しんではいけない」と思う人がいますが、お母さん自身も生活を楽しんでいいのです。自分が子どもだったらどうでしょう？　気持ちを張り詰め、イライラしてがんばるお母さんと、楽しそうにニコニコしているお母さんのどちらが心地よいでしょうか？

イライラするのは、エゴキンマンの必殺技「０か１００か思考」「比較競争ムチ打ちの技」「恐れ・心配フィルター」「マイナス思考祭り」などにかかっているのかもしれません。心が軽くなる取り組みはまとめの章（P１５５〜）をご参照ください。

自己対話　自分に寄り添う言葉かけ

これまで子どもに向けての「言葉かけ」の例を挙げてきましたが、親が自分自身に寄り添う「言葉かけ」をすることも大切です。

自分を自分で満たしている人は、周囲の負の影響を受けません。誰かに自分を満たしてもらう必要がないからです。他者から認められたいという承認欲求は誰にでもあり、自然なことです。でも、その割合が大きすぎると、常に他人の目を気にすることになり疲れてしまいます。

まずは自分が自分の親友になり、寄り添うことが大切です。自分にやさしくしましょう。例えば、ＳＮＳで他の人たちがキラキラ輝いて行動しているのを見て、自己嫌悪に陥るときがあると思います。そんなとき、私はこんな風に自己対話をしてみました。

親友の私「わかるよ。みんなが、キラキラして行動しているのを見ると、なんだか置いていかれた気持ちになるよね。でも、それは本当に、あなたがやりたいこと？」

私「いや、ＳＮＳで顔出しして活動することに興味はない。顔出ししたら地元でも本を出しているＳｈｉｚｕだとわかって面倒くさい。地元では本とは無関係で自由でいたい」

親友の私「うける〜！　芸能人じゃないんだから、誰もあなたに気づかないよ！」
私「そうなんだけど、私はビビりだから、このまま仮名での活動が気楽なの」
親友の私「マイペースでいいね。性格が違うように、人それぞれ楽しみ方が違っていいと思う。あなたはあなたの楽しみ方があっていいよ」
私「うん、わかった」
親友の私「なんの制限もなかったら、本当はどうしたいの？」
私「ＨＴＬで使われているエゴキンマンの存在をたくさんの人に知ってほしいから、新しく本を書きたい。心が軽くなる人が増えるから」
親友の私「いいね、応援するよ。がんばって」

このように「何も制限がなかったら、本当はどうしたい？」という言葉をかけることで、自分が本当にやりたいことは違うことだと気づくことができました。

落ち込んだときは「何で気分が悪いの？」「何が嫌だったの？」「どのエゴキン必殺技にかかったの？（自分の本音を探る）」「それ、本当にそうかな？（新しい視点を持つ言葉かけ）」など、自分と対話してみてください。それが、結果的に子どもに寄り添う言葉かけの練習にもなります。

親友の私から、自分への言葉かけ

今の私は「あ、エゴキンマンにやられている」と気づけるので、延々に自分を責めることはしなくなりました。でもときには、とことん落ち込みたいときもあるかもしれません。そんなときは、「気持ちを切り替えて、気分よくなりたい？　このままどっぷり落ち込んでいたい？　どっちがいい？」と自分に問いかけてみましょう。ときには、感情を感じきることも必要かもしれません。何が正解かではなく、今の自分がどんな気分を感じたいのか、選べることを知ることが大切です。常に自分に問いかけてみましょう。

自分で自分に寄り添い、自分の望みを叶え心地よく過ごせる人は、人が変わることを望み、人から気分よくさせてもらおうとする必要がなくなります。親友だったら、自分にどんな言葉をかけるだろう？　と、ノートに書き出してみてもいいですね。

● **失敗したとき**

親友の私「落ち込むのも無理ないよ。でも、やっちゃったことは仕方がない。次に気をつけようね。自分を責めないで」

私「うん、わかった。失敗してしまう私も私。こんな私もオールＯＫと認めて、親友の私「よし！　応援するよ」
改善できることは考え、次に進むよ」

●がまんばかりしているとき
親友の私「どっちでも選べるよ。人の目とか何も気にしなかったら本当はどうしたい？」
私「本当は○○したい」
親友の私「それは今、できること？　できないこと？」
私「今はその勇気がないから、○○はできない」
親友の私「じゃあ、今は、○○はしないことを選ぼう。どっちを選んでも、今、この瞬間に選んだことがあなたの正解。今できなくても、チャンスはやってくるから」

●どちらか選べないとき
私「どっちがいいのかわからない」
親友の私「どちらか選べないなら、決めずに置いておく方が気楽だよね？　選べない自分がダメではないよ。ベストなタイミングで選べる日が来るから大丈夫」

助けてもらい、助けてあげる愛が循環する社会に

日本では、「人に迷惑をかけてはいけない」という教育観・価値観があります。もちろん、意図的に迷惑をかけることは非難されるべきですが、「迷惑をかけない」ことを重視しすぎると、迷惑＝「悪」となり、チャレンジすることができなくなります。「自分の好きなことをしたら、周囲に迷惑がかかるからあきらめよう」「人に頼ると迷惑がかかるから、全部自分でがんばろう」と、何かをあきらめてしまったり、人に頼れなかったりしていませんか？　家事も育児も仕事も何でもひとりでがんばり、無理をして倒れてしまう人もいます。

いっぽうインドでは、「他人に迷惑をかけているのだから、他人のことも許してあげなさい」という価値観があります。「人は、迷惑をかけずに生きられるはずがない」「自分が弱っているときは誰かに助けてもらい、自分が大丈夫なときは、誰かを助けてあげる」という考え方です。とても素敵な考え方だと私は思います。

もし、足が不自由な人が両腕に重い荷物を持って階段を上がろうとしていたとき、「手伝いましょうか？」と声をかけたら、「（迷惑をかけて）すみません」と、何度も頭を下げられるより、

「ありがとうございます」とにっこり微笑まれた方が、うれしいですよね。

すべての人たちには違いがあり、パズルのピースのように凸凹で補い合って生きているのですから。「（迷惑をかけて）すみません」という、恐れのエネルギーではなく、「ありがとうございます」という愛のエネルギーが循環する社会になるといいなと思います。

勉強以外に学校で身につけたい力

日本の学校教育は、今でも知識を詰め込む暗記型重視の傾向があります。一斉授業は受け身の授業となり、先生の力量によって、生徒の理解力に差が生まれます。また、先生の話を聞いていない生徒もたくさんいます。(私はよく空想を楽しんでいました。汗)

では、なんのために学校で勉強するのでしょうか？　知らないことを知ることの楽しさ。できないことができるようになる楽しさもありますね。それ以外に、教育現場でも取り入れられている生徒同士が教え合う『学び合い』という手法を取り入れることで、人とつながることが楽しいと思う体験ができる可能性が広がります。

私は以前、上越教育大学の西川純先生が提唱する『学び合い』の模擬授業を体験し、その良さを実感しました。一斉授業との大きな違いは、先生が教えないことです。生徒たちが立ち歩いて教え合うのです。

私が数年前に体験した算数の「速さ」の『学び合い』模擬授業の様子をお伝えします。20人くらいの参加者がいました。

先生　今日の課題は「速さ」です。この問題を解いて3人の人に解き方を解説してください。
私　（やばい！「速さ」の問題はわからなくていいや！とそのまま大人になったのに、小学校の問題がわからないなんて恥ずかしい）
先生　わからない人は、わかりそうな人のところに行って教えてもらっていいです。解き方の参考書も置いておくので見ていいですよ。
私　（え？聞いていいんだ。恥を脱ぎ捨てて「わからないから教えてください」って言おう）

『学び合い』が大切にしているのは「ひとりも見捨てない」「子どもは有能である」ということ。勉強ができる子は、わからない子にどう教えたらわかる？と考え、教え方を練ります。勉強ができない子もいろいろな人に教えてもらいながら、自分で説明することで理解が深まります。

自分のプライドを捨て自分を受けとめてもらおうとすること、「わからないことをわからないと言える力」は、幸せをつかむために大切です。『学び合い』の授業は受け身の授業ではなく、立ち歩いて学び合う授業で「ひとりも見捨てない」というコンセプトがあるため、発達特性のある子も、つながりの心地よさを感じやすい授業です。先生は子どもたちの力を信頼して任せることで、余裕が生まれ、全体の状況を見て補足的な声をかけられます。場面緘黙の子には、一斉授業の方が気は楽だと思いますが、『学び合い』は結果的に安心安全を感じる場となるため、声が出ることにつながった生徒もいるそうです。

心地よく学校生活を送るためにサポートできること

長男ソラの子育て経験もふまえて、発達障害がある子の勉強をサポートする場合、算数は復習より予習に重きを置くことをおすすめします。授業が復習となり、より頭に入りやすくなるからです。ご家庭で教えるときは、解き方を教え、前述した『学び合い』のように、子どもに問題の解き方を説明する体験をさせると子どもの脳は活性化し、学びが深まります。

そのときに、わからない場合は「わからない。教えて」と言える力をつけることが大切です。これは、生きる力になりますので、「わからないことは、“わからない。教えて”と何度でも言っていい」ということを、事前に子どもに伝えましょう。前ページで紹介した『学び合い』では、生徒同士で学び合うとき、怒りながら教える子はいません。どうやったら、わかりやすく教えられるだろう？　と工夫をして伝えるそうです。（参考図書『「学び合い」で「気になる子」のいるクラスがうまくいく！』西川純・間波愛子著／学陽書房）

私たち大人は、つい上から目線で、「なんでわからないの!?」となりがちですが、勉強の楽しさを伝えたいなら、怖い顔で教えるのではなく、お友達に教えるように、応援団のスタンスでいたいですね。

また、通常学級に在籍しているケースでは、宿題の量が多すぎて、泣きながらやる子もいるそうです。その子の能力的に厳しい場合は、担任の先生に相談して宿題の量を減らしてもらいましょう。小学校の給食配膳でつまずく子どもたちもいるので、入学前に、ごはんや味噌汁を器に盛る、おかずを均等に分けるなどの練習をしておきましょう。

第4章

発達障害がある子へのサポートと将来

園や学校など、居場所があるうちは
なんとかなるかもしれないけれど、
将来はどうなるのだろう？　という不安は
ずっとつきまとうものです。
この章では、発達障害がありながらも成長し、
社会人となった人たちの事例を紹介します。

発達障害がある人たちへの公的支援と多様な進路

発達障害がある子どもたちにはどんな進路があるのでしょう。特性の出方や障害の濃淡などで、選べる道は異なりますが、いろいろな選択肢があるとわかれば見通しが立ちます。通常学級に入ることだけが、お子さんの幸せだとも限りません。特別支援学級や特別支援学校を選び、お子さんの特性に合う学習法を見つけるという考え方もあります。発達障害がある子どもたちが選択できる就学前から就労までのルートについて解説します。（2021年7月現在）

【小学校入学前】

● 発達支援（療育）センター、療育園

医師による診断が受けられる。専門家による発達支援を受けられるところです。

● 児童発達支援事業所

医師の診断がなくても、自治体の障害福祉課など福祉の窓口で問い合わせをして、通所受給者証（障害福祉サービスを受けるための証明書）を取得することで、行政の給付金を受けて通うことができます。発達支援を行うところ、子どもの興味があることを、遊びを通して見守るところなど、それぞれの事業所によりカラーが異なるため、親子で見学体験することをおすすめします。

■通常学級、通級、特別支援学級、特別支援学校　それぞれの選択について

就学先の選択で大切なのは、我が子にはどの環境が合うかということ。地域の情報を入手し、まずは見学しましょう。選択後に「違った」と思ったら、「もっと○○ちゃんに合う、勉強しやすい場所があるみたいだから見学しよう」と明るく伝え、環境を変える提案をすれば大丈夫です。

発達障害の子どもたちにとっては、園という比較的自由な環境から、学校という一律のシステムに慣れることは、ハードルが高いことです。ゆっくり慣れさせたいなら特別支援学級に通い、交流級を利用して通常学級に行き、学年が上がって移籍するという方法もあります。

すべて普通学級に通うのはハードルが高いなら、通常学級に在籍しながら通級を利用する方法も。特性に応じた支援をしてくれるので、息抜きができて子どもたちも居心地がいいようです。

特別支援学校は専門の支援法を学習している先生が、少ないクラス人数で支援してくださるので、手厚いサポートを得られます。いずれにしても、実際に見学して選ぶことが大切です。

【就学相談】

入学前年度の就学相談は任意で行われます。

【就学時健康診断】

10月か11月に、翌年入学予定の小学校で受けます。発達で気になる点が見られたら、個別に連絡を受けることがあります。

【小学校入学後】＊公的機関を利用した放課後の過ごし方には、主に2つの選択肢があります。

●学童保育

長男ソラは場面緘黙になっていたので障害者枠で入り、支援員がつきました。定型発達の子たちと鬼ごっこなどをして遊んで楽しかったそうです。

●放課後等デイサービス

障害のある子が18歳まで通えます。障害者手帳は不要で、受給者証があれば行政の給付金を受けながら利用できます。施設によりサービス内容が違うので、見学してお子さんが居心地よく感じる相性のいいところを利用しましょう。

【高校・大学卒業後】

●自立訓練所（2年）や就労移行支援（原則2年）

受給者証があれば通うことができ、学歴は関係ありません。就労までの期間、ソーシャルスキル・就労でのマナー・作業などを学ぶこともでき、就労につなぐお手伝いもしてもらえます。

発達障害のある子の進路

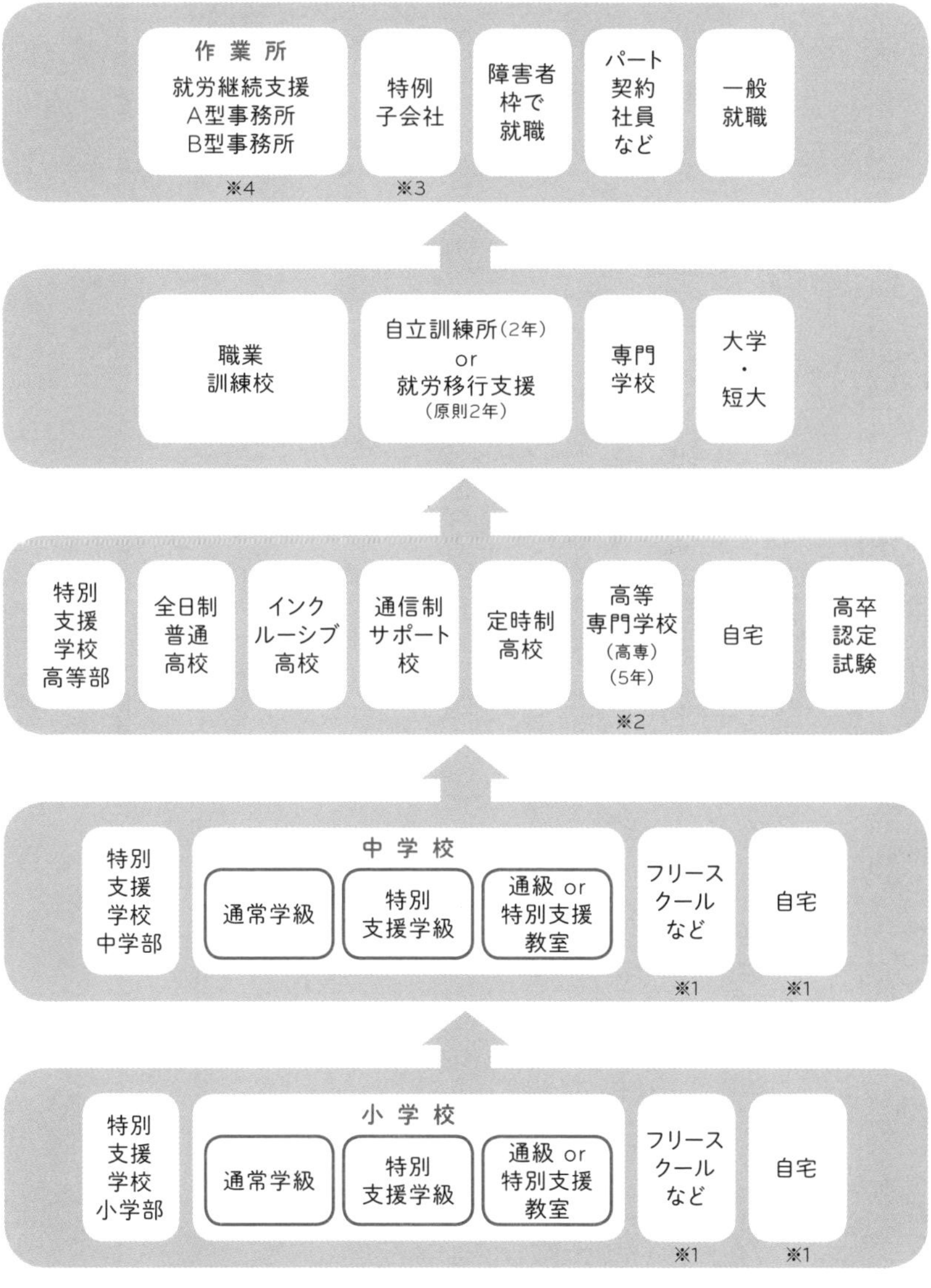

※1 不登校児についてIT機器などオンライン学習を取り入れることで出席扱いにすることができるようになった。
※2 高等専門学校（高専）は5年間。職業に必要な能力を育成することを目的とした教育機関。
※3 特例子会社は、障害のある人に配慮した職場環境を整備することが定められている会社。
※4 障害者の就労を支援するサービス。A型・B型で雇用契約・賃金などに違いがある。

発達障害があっても、知的障害があっても幸せに暮らしている人たち

障害を抱えた子どもには、困難なことがたくさんあります。先が見えないことから、将来への不安をつのらせることもあるでしょう。

そこで、心が緩むエピソードをひとつご紹介します。『発達障害のある子と家族が幸せになる方法』(学苑社)の著者である言語聴覚士の原哲也さんは、大学卒業後カナダで障害者施設の指導員をしていました。ご本人とやり取りをさせていただいたところ、そこにいる人たちは、それぞれが自分の部屋で好きなことを思う存分楽しんでいたそうです。

大量のビデオをきちんと並べて毎日拭いて眺めることを日課としているJさん、ハムスターを愛情たっぷりに育てるMさん、プロレスが大好きでパンフレットをたくさん集めては自慢するAさん。日曜日には地域の人が集まる教会に行き、散歩をして出かけるときは好きな服を選び、笑い声がたくさん聞こえる生活だったそうです。そこには、その人らしさや楽しみ、仲間や地域の人との交流が日常的にあり、その中で彼らは間違いなく幸せを感じながら日々を暮らしていたと、原さんは語っています。私は、この文章を読んだとき、涙がにじみました。それぞれが自分の好きなことを大切にして過ごしている様子がわかったからです。自分が自分でいられる時間を

過ごすことの大切さを痛感しました。

日本の学校生活はルールが多く、型にはめられた学習、同年代の人たちとだけ過ごす特殊な時期です。社会に出たら同年代だけで過ごすことはまずありません。異年齢集団だとそもそも年代が異なり「違い」がありますが、同年代同士だと違いが目立ちます。いわゆる「普通の人たち」と感じ方が異なる少数派の発達障害のある子どもたちにとって、「みんなと同じことができない自分はダメだ」と自己否定を持ちやすい環境かもしれません。

違いを理解してくれる環境や先生、友人などに囲まれていたら、心地よく過ごすことができます。でも、もし学校で疎外感を感じ、うまくいかなくて不登校になったとしても、道はたくさんあります。フリースクールに通ったり、家で学習したり、義務教育終了後の高校からは、勉強が苦手でも自分に合う学校を選べるなど、選択肢はぐんと広がります。自分に合う環境を選ぶことで、小・中学校では不登校でも高校は楽しかった、という発達障害の人たちはたくさんいます。

みんなと同じであることを求められる学校では窮屈でも、成人して起業して、自分の特性を生かして仕事をしている人もいますし、苦手なことを自己開示して、自分に合った環境で安定して仕事を続ける方もいます。この章では、発達障害のあるお子さん、成長した大人の人の事例をいくつかご紹介します。これから先、どうなるのだろう？　と将来に不安を感じている親御さんたちに、いろいろな道があると感じていただけたらと思います。

広汎性発達障害の診断を受けたSくん

「ぼくはダメ、ダメなんだ!」と叫び、自傷行為を繰り返す

2007年、小学3年生のときに※広汎性発達障害（当時の診断名）の診断を受けたSくんは、子どものころから集団行動が苦手でした。幼稚園はお絵かきや工作、運動など、好きなことができて自由だったけれど、小学校に入るとルールに従わなければいけないことが増え、だんだん面倒になり「なんで一緒にやらないといけないの？　僕は○○をしたいのに」と、いつも思っていました。ランドセルをロッカーに入れる朝の支度もできず、自由行動が多く、お母さんは学校に呼び出され、「おうちでどのような育て方をしているのですか？」と、非難されたそうです。Sくんが診断を受けた14年前は、日本では発達障害に関する理解が現在に比べて進んでおらず、子どもの問題行動は親のしつけ、親の愛情不足のせいだと思われる風潮がありました。

そして小学3年生のときに担任が変わりました。その先生は、「私が矯正します。お母さんは黙っていてください」と言い、厳しい指導を始めました。その指導に反発したSくんは、友達と教室を抜け出し学校内を徘徊して遊ぶようになりました。するとまた厳しく指導されることの繰り返しで、Sくんは心に大きなダメージを受けました。「僕が何かすると、みんなダメ、ダメな

※現在は「ASD」、「ADHD」などの診断名になることが多い。

んだ」と奇声を発し、学校の廊下で泣き叫ぶようになり、学校のノートは「死ね、死ね、死ね」の言葉で埋め尽くされてしまいました。そして、教室を飛び出しては行方不明になり、大騒ぎに……。家でも毎晩のようにおねしょを繰り返し、爪を噛み、腕に吸い付きの紫あざをたくさん作るなど、自傷行為とともに異常行動が日立ち始めました。

このことがきっかけで、二次障害の心配もあり、病院で診断を受けた当時、ＡＤＨＤの症状に対して処方されたリタリンという薬を試しましたが効果は感じられず、通級（情緒障害等通級指導学級。東京都では現在「特別支援学級」と呼ばれている）に通うことになりました。

通級と小学４年生のクラスで、居場所を見つける

Ｓくんは、通級を「いろいろな子がいて楽しく落ち着ける場所だった」と振り返ります。また、小学４年生になり担任が変わったことで、学校生活に大きな変化がありました。その先生は教室内にＳくんが落ち着ける場所を確保してくれて（イラスト参照）、外へ出たいときは、クラスの３つ隣の空き教室に行っていいことになりました。先生からは「この教室には行っていいけど他はダメだよ。もし地震や火事が起きたときに、どこにいるのかわからないと助けに

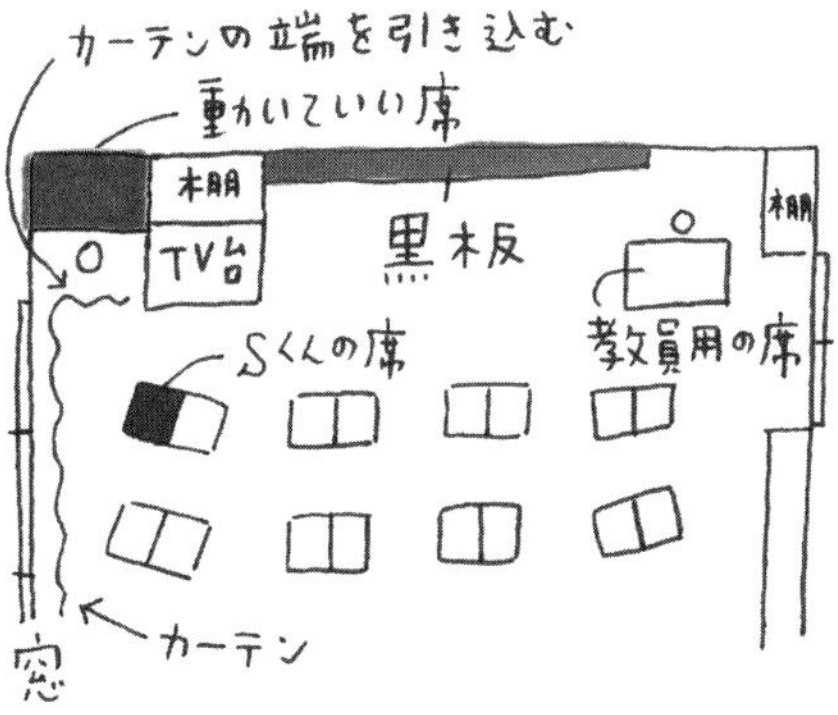

行けないからね」と、理由の説明もありました。

授業の前には、国語なら「音読」「読解」「漢字練習」「漢字ゲーム」のように黒板の隅にやることを提示し、「参加できるところに参加してね」と伝えてくれました。また、最後の5～10分は遊びながら学べるゲームのような教材を取り入れてくれて、Sくんは授業が楽しみになりました。実はこのクラスにはSくん以外にも、授業中に立ち歩く子、予定外のことが起こるとパニックを起こす子などがいて、支援員がついて教室外を移動していました。また、通級の先生が担任に子どもたちの配慮についてアドバイスするなど、全面的にバックアップしてくれたそうです。

Sくんは普段は通常の学級で過ごし、週に一度、数時間だけ通級に通いました。特別支援教育の制度は自治体ごとに異なり、支援員の付け方も異なります。非常勤の教師や保護者が付き添うケースもあります。また、元大空小学校校長の木村泰子さんの著書『「みんなの学校」が教えてくれたこと』(小学館)、映画『みんなの学校』(不登校も特別支援学級もない、同じ教室で一緒に学ぶ公立小学校)の例にあるように、地域のボランティアに見守っていただくケースもあります。

中学で不登校になり、信頼できる大人との出会いで道が開ける

Sくんは「誰も知っている人がいない中学に行ってやり直したい。みんなと同じことができるようになりたい」との思いから、学区外の中学へ行きました。しかし、そこで靴を隠されるなど

のいじめにあいます。先生に相談すると「自分に原因がないか考えろ」と言われ、Ｓくんは「みんな敵だ」と思うようになりました。お母さんが担任の先生にいじめについて確認すると、Ｓくんを「知恵遅れ」と表現し、「いじめられる方にも原因がある」と言い放ったそうです。安心できる居場所などあるはずもなく、Ｓくんは学校へ行き渋るようになり、中１の６月には不登校になりました。

いっぽうで、お母さんは越境で入った学校で保護者とのつながりを保つために、ＰＴＡの役員に立候補。まめに学校に顔を出すことで早い段階で校長先生がＳくんのことを気にかけてくれるようになりました。校長先生は「Ｓくん、君が辛いと感じたらそれはいじめだから、心配することはないよ。君が学校に通えるようになるよう、できるかぎりのことをするから」と言って、Ｓくんの心を解きほぐしてくれました。また、ＰＴＡ仲間の保護者も協力的で、「うちの子どもたちに手紙を書かせるよ」と、Ｓくんにメッセージを送ってくれました。Ｓくんは「不登校のとき、お母さんが『学校に行かなくていい』と言ってくれてほっとした」と言います。そして、クラスメートからもらったメッセージがうれしくて「あのとき、みんなが僕にしてくれたことは忘れない。そのころから、人の役に立ちたいと思うようになった」と当時を振り返っています。

校長先生が本人から直接不安を聞き取ってくれて、中２で担任が変わったこともあり、Ｓくんは再び学校に通えるようになりました。部活にも入り友達もできて、それから卒業まで休まずに通うことができました。

普通と違う行動をとってしまう子の力になりたい、そして……

Sくんは子どものころ、勉強しても興味がないものは頭に入らず、ノートいっぱいに書いても次の日には忘れてしまい、泣きながら勉強していたそうです。でも、体を使うことや実験は大好きだったなどの経験を生かし、高校生になると地域の子ども会活動を援助する大人たちの集団のメンバーとなり、地域の奉仕活動に参加しました。Sくんは「普通と違う行動をとってしまう子どもたちの力になりたい。僕は不登校を経験して苦しい子どもの気持ちがよくわかるから、今度は自分が支える側にまわりたい」という思いがあったのです。その活動はSくんにとって、とても居心地のよい場所で、「Sくんは人にやさしくて、人が嫌がることをやらない素敵な子ですね。どうやって育てているのですか？」と、はじめてほめられ、お母さんもうれしかったそうです。

その後、Sくんは奉仕活動の経験を生かしてAO入試で福祉関係の大学に入学。アルバイトをしながら大学に通い、小学校の移動教室の付き添いや地域活動の青年部のリーダー、学校の支援員や夏休みの水泳の監視員など、人の役に立つ経験を積み重ねました。いっぽうで読み書きをする勉強は苦手で、大学は中退しました。診断は受けていませんが、広汎性発達障害以外にLD（学習障害）があったのではないかと思われます。当時は、タブレット学習などを許可する大学はほぼなかったのです。

成人になったSくんは現在、親元を遠く離れスーパーで販売の仕事をして自分らしく生活を楽しんでいます。苦しかったときに励まして応援してくれた先生や、信頼できる大人たちにたくさん出会えたことが、Sくんの人生の支えになったそうです。

Sくんは「僕には障害があるけど、できることもある。〝できることは何だろう？〟と、自分の得意なことをひとつ探して、仲のいい子がひとりでもいるなら大事にしてほしい。〝昔、こんなことをやっちゃってさ〟と笑い話にできるから」と言います。

子どものことを理解し、支えてくれる人との出会いは、発達特性のある子の勇気と力になります。時代背景もあり、Sくんを受け持った先生の中には発達障害の知識がなく、誤った対応をした人もいます。それだけ知るか知らないかは大きいということです。発達障害のある子への対応が進んでいる欧米では、教室の環境を整え、「どうすれば安心して学習に取り組むことができるか」という発想で、一人ひとりの子の特性に合わせた配慮がなされているようです。日本の学校も少しずつではありますが、よい方向へ変化しています。

ASD当事者であり現在は支援者になった難波さん

トラブルメーカーだった小学生時代

臨床発達心理士、公認心理師であり、『こちら、発達障害の世界より』（本の種出版）の著者である難波寿和さんは、30歳でASDと診断されました。小学生のころは、先生の話が次から次へと消えてしまい「宇宙語を聞いているようだった」と言います。周囲の動きを見て何とか動いていたけれど、先生の指示で動けるクラスメートを「何でできるのだろう？」と、うらやましく思っていました。先生の指示がわかるようになったのは、小学校高学年か中学に入ってからのことでした。

学校ではトラブルメーカーで、友達にちょっかいを出しては嫌がられました。それが面白くて、刺激がほしくて、いたずらをやめられませんでした。ホームルームでは「難波くんと遊びたくありません」という議題がたびたび上がり、「相手の気持ちを考えなさい」と言われても意味がわからず、「学校が悪い、先生が悪い、いじめる友達が悪い」と、全部人のせいにしていました。

ただ、難波さんのお母さんは「生きていればいい、死ななかったら何とかなる」という考えで、難波さんが小学校での辛いことを泣きながら話すと、じっくり聞いてなぐさめてくれました。それが難波さんの支えになったそうです。

中学入学時に「ぼくは生まれ変わる」と決意

小学校を卒業するとき、難波さんは中学生になったら「小学校のことは全て忘れて、僕は生まれ変わる」と決意し、小学校の記憶を封じ込め、「普通」の基準に合わせるために、何も言わない、何も感じないようにしました。その結果、中学は比較的おとなしく過ごすことができました。小学校が別の一緒に遊べる友達もでき、「この人をコピーする」と決めた人の話し方や動きを真似して学び、自分の問題行動を修正して切り抜けたと言います。

このように、自分の意思や感情にふたをして、他人の動きを真似する行為は「擬態」と言われています。擬態行為は適切な行動を学ぶ、いい面もありましたが、小学校の辛い記憶を封じ込めたため、後々、トラウマとなっている過去の記憶の振り返りが必要になりました。

大学に入り発達障害のある子どもたちと関わりを持ち、自分と似ていると衝撃を受け、「力になれるのでは？」と、支援の仕事につくことを考えました。大学院で障害児教育について学び、自分にも発達障害の子と同じ「生きづらさ」があると思いましたが、発達障害の診断を受けるには至りませんでした。自分の問題行動は人を真似する模倣（擬態）で改善できたので、なんとかなると思っていたのです。

職場で挫折。30歳でうつになり、ＡＳＤの診断を受ける

大学院卒業後は臨床発達心理士となり福祉施設で働きました。子どもの支援に関しては保護者からの評判はよかったけれど、職員同士の関係に問題があり、忘れ物、提出書類のミス、不注意からのミスなどが重なり指摘を受けました。さらに他の職員の支援に対して、会議で「こんなやり方ではダメです」と発言するなどして、徐々に信頼が得られなくなりました。

その後、職場を何度変えても叱責の嵐は避けられず、ある日突然、動けなくなりました。うつ病になってしまったのです。そして、30歳になってはじめてＡＳＤの診断を受けました。仕事を休職し、死のうと思ったこともありましたが、「一度捨てた人生、もう一回、発達障害で生きづらさを抱える人たちのために生きてみよう」と思い直し、自分の人生を振り返ることにしたのです。

そこで、小学校の記憶を封じ込め、自分の過去と向き合わず、周りのせいにしたまま問題を放棄したことに気づきました。自分は何が辛かったのか、どんな課題があるのか、どんな支援が必要なのかを書き出し、自分ですることと他人に頼ることを分けて整理しました。難波さんはすでに多くの専門書を読み、綿密な計画をたてることができたので、自分でこの作業ができましたが、トラウマになっている過去の記憶の処理は、専門家の治療のもとで行うことをおすすめします。

生きやすく生きる

過去の振り返りを通して、「普通に生きることに執着するのをやめて、自分なりに生きやすく生きたい」と思った難波さん。子どものころはみんなと一緒に勉強ができるようになりたかったし、社会に出てからも一般の人と同じようにしなければいけないと思い込んでいましたが、その結果、うまくいかず動けなくなってしまいました。そこで、今は保護者から「通常学級で勉強をさせて、普通に社会に出したい」と言われたら、「自己努力をしつつ、どうしてもできないことは他者を頼ることも考えましょう。普通を目指す、いくら改善してもずっと改善し続けなければいけなくなります。その人なりの生き方を応援することが、生きやすさにつながるのでは？」と伝えるそうです。

難波さんは、薬を服用して不注意が減り生きやすさを確保しました。臨床発達心理士として働く際には「私は発達障害があります」と自己開示し、了解を得てから仕事に取り組んでいます。さまざまな試練をくぐり抜けてきた自己体験から、当事者に寄り添う支援を提供しています。

難波さんはユーモアがあり、お話が楽しくて、一見そんな苦労をくぐり抜けた方とは思えません。作文も書けず、論文や仕事の報告書でも苦労されたそうですが、大人になりいろいろな本を読み、ツイッターなど短い文章で表現することから徐々に文章を書くコツをつかんだそうです。そして、波乱万丈の人生の中で学んだことを当事者、支援者の視点で本にまとめています。

ＬＤ（学習障害）があり50代で大学に入学した井上さん

※ＬＤ（Leaning Disorder ＝ 学習障害）とは、基本的に知的な遅れはないものの、
•読むことや書くことが困難な「読み書き障害（ディスレクシア）」
•書くことだけが困難な「書字表出障害（ディスグラフィア）」
•計算や推論などが困難な「算数障害（ディスカリキュリア）」
といった特徴が見られます。

人によって程度や現れ方が異なり、診断が難しい障害です。小学校に上がって読み書き計算の授業が始まり、「みんなはできるのに、なんで自分はできないの？　努力が足りないの？」と、悲しい気持ちになることもあるでしょう。また、知的に遅れがなく、特定のことだけが苦手なので、「さぼっている」「やる気がない」などと、誤解されやすいのも特徴です。さらに、文字がゆがんで見える、反転して見えるなど、見え方が異なることもあります。ここでは、43歳になるまで自身がＬＤであることを知らず、子どものころ苦労した井上さんのお話をします。

※最新のDSM-5（精神疾患の国際的な診断基準／2021年7月現在）では、「SLD（Specific　LearningDisorder＝限局性学習症）」という診断名が採用されていますが、本書では認知度が高い「LD（学習障害）」と表記します。

聞いたらわかるのに、読めない、書けないで「怠けている」と誤解される

『夢見た自分を取り戻す』（エンパワメント研究所）の著者である井上智さんは、小学生のとき、先生の質問にも率先して手を挙げて答えていました。それなのに、国語の音読は地獄で、読み誤り、行を飛ばしてしまう。さらに、漢字も覚えられず「努力が足りない、ふざけている、怠けている」と評価され、宿題で何百回も同じ漢字を書く練習をさせられたことがありました。それでも次の日には忘れてしまい、練習の効果はなかったそうです。

ただ、小学5、6年生のときの担任は、井上さんの特徴に気づいて、決してバカにせず、できたことをほめてくれました。教科書を読む順番が来たら、横に来て小声で読んでくれる先生の声を手がかりに、教科書を目で追いながら読むことができ、安心して授業を受けることができました。また、テスト中に教卓へ呼ばれ、先生がテストの問題を読み上げ、井上さんが口頭で答えることで95点がとれ、「井上君、あなたはちゃんと理解できているよ」と伝えてくれました。その一言が社会人になっても救いになったそうです。しかし、みんなと違う方法を取ることは「ずるい」と感じ、配慮を受けることは、その後拒否しました。今で言う「合理的配慮（障害のある人が、一人ひとりの特徴や場面に応じて生じる障害・困難さを取り除くための、個別の調整や変更など）」という考え方がなかった時代だったので、人目を気にして遠慮した井上さんの気持ちもわかります。

体格がよかった井上さんは、中学では不良になり、教師から読むことを求められると「あ～？」

と、教師をにらみつけ、それでもダメなら机を蹴飛ばして教室から出ていき、読み書きから解放されていました。でも、勉強が好きだった井上さんは、授業には参加していたそうです。

授業の内容は理解できるのに、読み書きができないためにテストで0点になるのは、辛かったでしょう。学習障害の認知度が低かった時代は特に、特性を持つ子どもたちにとって学校生活は辛いものだったと思います。現在は、学校にタブレットを導入するなど、読み書きに障害がある子でも、それぞれの子どもたちに合わせた学び方が尊重される時代に移行しつつあります。

52歳で自己開示して大学生になる。助けを求めてもいい

その後、井上さんは高校を中退し、波乱万丈の人生を送ったのちに、大工となり結婚して落ち着いた生活を手に入れました。そして、52歳でデザイン美術学科の大学生になりました。高卒認定試験を受けなくても大学卒業資格を目指すことができる特修生の制度を利用し、入学前にはLDであることを大学側に自己開示し、ICT（Information and Communication Technology＝情報通信技術）機器を使用した学びを受け入れてもらいました。

大学のレポートは、まともに勉強をしていなかったので、どこから手をつけていいかわからず、イライラしながら取り組むことになりました。小学校教員である奥さんは何度も一緒にやろうと申し出ましたが、井上さんは「手伝ってもらうのはずるい！」と、拒否し続けました。

ある日、奥さんは、井上さんに言いました。「勉強というのは、全部ひとりでやるものではないのよ。教えてくれる先生がいて、相談できる友達がいて、教えてもらったり手伝ってもらったりしながら勉強すればいいの。学校は人に聞いてもいい場所。相談することや一緒に考えることは、ぜんぜんずるくない。たくさんの人に聞いて、教えてもらっていいんだよ」と。

その言葉を聞いた井上さんは、ひとりでやらなきゃダメだという思い込みを捨て、大学のスクーリングを受けるにあたり、自分が必要な配慮をお願いしたいと文書を提出しました。

ディスレクシアという困難について

・メモや視写が困難なので、板書などは写真を撮らせてほしい。

・テキストやプリントは読めないものが多いため、OCR（Optical Character Recognition＝光学文字認識）で読み込み音声化するために、タブレットでの撮影を許可してほしい。

・小テストや感想文の提出など、「書く」課題は、携帯で文章を作らせてほしい。

ADHDという困難について

・ざわざわした場所にいると集中力が下がり、体調不良を起こしやすいので、ノイズキャンセラー付きのイヤホンの使用を許可してほしい。

『夢見た自分を取り戻す―成人ディスレクシア、50代での大学挑戦』（井上智著／エンパワメント研究所）より一部抜粋そして、短大で一緒に学ぶ学生たちには、機会を見つけて「ディスレクシア」について説明し、サポートしてもらうことにしました。「昔、授業は恥をかくための時間だった。でも、短大では自分が困っていることを知ってもらい、困っていてもこうしたらできると、わかってもらえている心地よさがあった」と、当時を振り返ります。

みんなと違う「方法」はずるくなんかない

井上さんが読むことや書くことに苦しんだのは、「方法を知らず、違うやり方はずるいと思い、誰にも助けを求められなかったから」であり、「劣っているからICTを使うのではなく、自分の能力を生かすために使うと思ってほしい」とのことでした。視力が弱い人がメガネをかけ、耳が聴こえにくい人が補聴器をつけるように、文字が読みにくい人はICT機器を使っていい。みんなと違う「方法」を使うことは、少しもずるくなんかないし、助けを求めていいのです。

LDの特性は重度から軽度までさまざまで、全くできないわけではないことから、努力不足と誤解されやすい障害です。反復練習などの努力を強いられると、精神が追い詰められて二次障害を招くこともあります。井上さんが重度のLDであることに気づいたのは、結婚した後の43歳のときでした。現在は、合理的配慮が義務化されたことにより、学校ではマルチメディア教科書デイジーやタブレットなどの使用が許可されるケースが増えました。

読み上げ機能などがあるＩＣＴ機器を使うことは、以前は特別扱いになるからと敬遠されがちでした。しかし、クラスの生徒みんながタブレットを使う時代になれば、ディスレクシアのある子が読み上げに使うのだけではなく、ノートの代わりにタブレットにメモをしたり、板書を書き写さず写真に撮るのでよいというケースも出てくるでしょう。定型発達の子どもたちもみんな同じタブレットを持ち、それぞれが使いやすい機能を選べるようになると、不平等感も払拭できるのかもしれません。自治体によっては、すでに小学校から全生徒にタブレットが支給され、プログラミング教育はもちろん、他の授業にも活用されているところがあります。


井上さんの奥さまの井上賞子さんは、小学校で特別支援教育に携わっていますが、ＬＤのお子さんとの関わりをまとめた動画の中で『無理をさせてはいけない』だけではなく、その子に合った手立てを探す、方法を検討することで、一番の苦手だったことが一番の自信になることもある」と語っています。

「この子はかわいそうだから」と守るだけでなく、周囲の力を借りながら、そして、新しい技術も活用しながら、自分らしく生きていけるように、子どもが自信を持って取り組めることを見つけてあげたいですね。

ASDの子どもたちの「不登校」体験を乗り越えたEさん

シングルマザーのEさんは、4人の子の母です。うち3人にASDの特性があります。次女（高2）は父親からの暴力などの理由で小学5年生から中学2年生の秋まで不登校。長男（中3）も同じく不登校になり、小学6年生のときはひとりで外に出られなくなりました。次男（中1）は、小学5年生で半年ほど不登校になりました。

子どもたちが不登校だった間、Eさんはそれぞれに好きなことをさせました。次女は絵とピアノが好きなので、ピアノ教室に毎回付き添い、パニックを起こしても発表会に参加できました。先生が落ち着くまで待ってくださり、順番を一番最後に変更。「大丈夫だよ」と言い続けると落ち着きました。長男はスポーツが得意で、テニスを習い、これにも毎週付き添い、学校に戻るときのことを考え、勉強がわからなくならないように塾にも通いました。そして、中3で学校に戻り、テニスの強豪校でレギュラーになり、全国大会を目指してがんばっています。

子どもは何かひとつでも自信があるものができると前に進むことができます。Eさんはできたことをほめて、自信をつけさせることが大事だと思って子どもに接していたので、子どもたちは誰もほめてくれなくても、自分で自分をほめるようになりました。

不登校の間、次女は夜中にパニックを起こし、家を飛び出して警察にお世話になることもありました。しかし、飛び出すのは危ないので、アパートの階段で座ってクールダウンするように伝えると、次からは階段に座るようになりました。長男は家で暴れることがありましたが、児童相談所の人に協力してもらい、人を殴ると児童相談所に行く、大人だと刑務所に入る、と事実のみを冷静に話すと手を出さなくなりました。子どもが暴れると否定から入りがちですが、Ｅさんは「この子はできる子だ」と思い、接していました。また、不登校でもいろいろな経験をさせることが大切だと思い、一緒に外食に行き、旅行や家の近くのホテルに泊まるなどのイベントもつくりました。

Ｅさんは、子ども3人がＡＳＤの診断を受けたとき、絶望してうつになり2週間入院しています。つまり、最初から受け入れることができたわけではありません。でも、入院している間に、時間がもったいなく感じてしまい開き直ったそうです。子どもたちはＥさんが入院中ゆっくりできるよう、わがままを言わず、待っていてくれたことも力になったとのこと。Ｅさんは「次女も長男も先生やコーチに恵まれ、いろいろな相談に乗ってもらうことができて幸運でした。私も児童相談所や福祉の方などにお力添えをいただき、何とか乗り切ることができました」と言います。「自分らしく楽しく生きる」ことを大切にしたＥさんの対応が子どもにパワーを与えたエピソードです。ひとりで抱えず、相談できる場所をたくさん持つことも大切ですね。

小1で吃音が止まったYくん「いいこと日記」の効果

近所に住んでいたYくんは、幼稚園のときからテレビのニュースばかりを見る子でした。暗いニュースに影響されるのか、「生きていてもいいことなんて何もない」とマイナスモード。失敗を極端に嫌い、つぶやく言葉がマイナスなことばかりになっていました。ママもマイナスなエネルギーを感じ取って動揺し、親子ともに何か起こるたびにマイナスに感じることが習慣になっていました。

ある日、Yくんのママから「吃音（どもり）がひどくなってしまった。どうしよう」と震えながら相談されました。ママの動揺や心配エネルギーは確実に子どもに伝わります。そこで、私はまず、ママに落ち着いてほしくて、「先のことなんて誰にもわからないから、先のことを心配しすぎるのは無駄だよ。Yくんは大人になっても幸せに生きていける子だから大丈夫！　根拠のない自信でもいいからそう思って。不思議だけど、そうなるから」と、言葉をかけました。

そのママが昔、マラソンをやっていたことを思い出し、「少し走ってみたら？　体を動かすと気分も晴れるよ。運動は運を動かすと書くでしょ。新しいことにチャレンジする姿を子どもに見せることはとてもいいこと。そのエネルギーが子どもに伝わるから」と、励ましました。また、失敗することに過剰に反応するＹくんの目に入るところに「失敗は成功のもと」と貼り紙をしてもらいました。さらに、「失敗は悪いことではなく、失敗に気づけることがすごいこと。改善策を探して次に進めばいい。自己否定はいらない。発明家は失敗を重ねてもめげない、ただ、その事実を受けとめるだけ、失敗の経験も宝だ」と、Ｙくんに毎日伝えてもらいました。

そして、がんばったことや自分をほめることもいいので、ちょっとしたいいことを書き留める「いいこと日記」をつけることをすすめました。よいことに目がいき、マイナスなことにフォーカスするクセを変える習慣をつけるためです。

Ｙくんは、その後、日常の小さな「いいこと」をノートに書き始めました。

すると、しばらくしてＹくんがマイナスのことを言わなくなり、吃音が止まったと連絡がありました。たまたまのタイミングで吃音が止まったのかもしれませんが、マイナスのことにフォーカスするクセは、改善した方がぐんと生きやすくなります。

吃音改善のさまざまな道

意外かもしれませんが、吃音（どもり）は発達障害に分類されています。

吃音とは、言いはじめの音を繰り返す「連発」（ぼぼぼぼく）、はじめの音が伸びる「伸発」（ぼぉーーーく）、最初の音がなかなか出にくい「難発」（……ぼく）などの特徴があります。人によって言いにくい音があり、言いやすい言葉を選んで別の言葉に変える工夫をすることもあります。

不思議ですが、歌を歌うときや一緒に声を合わせて出すとどもらないようで、音読はひとりで読むか一緒に読むかを選べると、本人の負担がかなり減ります。吃音は発達障害や場面緘黙と同様で、親の育て方は関係ありません。緊張していないときでもどもることがあり、大人になると自然に治る人と残る人、大人になってから悪化する人などいろいろです。

吃音があるために、あえて書く仕事を選んだ方もいます。『吃音　伝えられないもどかしさ』（新潮社）の著者の近藤雄生さんは、ご自身が元吃音当事者であり、本の中で当事者の現状をいろいろな角度から伝えています。発声訓練を重ねることで吃音をコントロールできるようになった人がいるいっぽうで、高額な治療費を払っても結果が出ないケース、吃音をみんなに理解してほしくて、吃音があることを校長先生に朝礼で話してほしいとお願いした小学生男子のお話など。これらのケースから言えることは、周囲の理解があり、叱責、からかいがない場合は、当事者はぐんと生活しやすくなるということです。

近藤さんは大学卒業後、吃音があることで就職をあきらめ、ライターとして海外で数年生活しました。海外は異文化に理解があり、違うことが当たり前。外国語がしゃべれないのは当然で、言葉をうまくしゃべれなくても大丈夫という心理的負担が減ったからか吃音が治ってしまったそうです。

そして、吃音があっても講師や先生をしている人がいます。『きつおんガール　うまく話せないけど、仕事してます。』（合同出版）の著者・小乃おのさんは、「うまく話せないけど、思いを相手に伝えることはできる」と、社会福祉士として働きながら自身の経験を漫画にして出版しました。

また、吃音当事者でもある医師の菊池良和先生は、『子どもの吃音　ママ応援ＢＯＯＫ』（学苑社）の中で、「先生の一言は非常に効果があり、子どもは助かります」として、学校の先生たちに向けて「吃音はわざとしているのではないから、それを真似たり、からかったりしないようにしよう」と、生徒に伝えるようアドバイスをしています。子どもたちは知らないから、珍しいからと、からかったりいじめたりする場合があります。あらかじめ理由を伝えて、からかってはいけないことだと伝えるのが、大人の役目です。

場面緘黙改善のさまざまな道

場面緘黙（家では普通に声が出るのに、学校や園など特定の場所にいると緊張のために声が出ない状態が1か月以上続く不安症の一種）は、発達障害には分類されていませんが、特別支援教育の対象になっています。また、ＡＳＤの人が場面緘黙になるケースもあります。

我が家は、親子で場面緘黙を経験しています。ソラは幼稚園の年長のとき、自分と同じ名前の男の子が先生にものすごい勢いで怒られていたことを自分が怒られていると感じ取り、声が小さくなっていきました。焦った私は、先生に息子が声を出せるような練習を頼み、家庭でも取り組みました。でも、それはまったくの逆効果でした。ソラはのどの奥で声がつまるようになり、最終的には幼稚園でいっさい声が出ない状態になってしまったのです。

大変なことをしてしまった……と反省し、ネットで調べるうちに、場面緘黙を知り、無理やり声を出す練習をすることはダメな行為だということもわかりました。

緘黙の子は不安を感じやすいので、「いいこと日記」をつけて、いいことに目を向ける習慣をつけたり、声を出すことにとらわれず、楽しいことをして、エネルギーを高めたりすることが大切です。中でも「笑い」は最大のリラックス法です。（Ｐ１０７～）

ソラが場面緘黙だった小１のとき、クラスのお友達ひとりを家に招待し、テーブル卓球など体を動かす遊びをしていると、緊張がほぐれたのかときどきポロッと声が出るようになりました。また、決まっていることならしゃべりやすいことがわかっていたので、ソラが提出物を忘れたとき、先生に報告する内容を練習して、一緒に学校へ行きました。そして、廊下に先生を呼んで、報告するチャレンジをしました。先生ははじめてソラの声が聞けて「わ〜、うれしいな」と喜び、ソラもうれしそうでした。その他、我が家の場面緘黙改善に効果があったと思われる内容はP106、P110、P174です。

また、元場面緘黙当事者による漫画体験記もおすすめです。心の持ち方を変えていくことも大切なアプローチであることがよくわかります。赤裸々に力強く自分の体験談を書ききった『かんもくの声』（入江紗代著／学苑社）では、「どんな辛い経験をしたとしても道はある」と体験談から感じ取ることができました。

また、P150の元吃音当事者の方と同様に、海外の大学に通うことで、「外国人だからうまくしゃべれなくても当然」と、心理的負担が減って緘黙が改善した人もいます。シンガーソングライターとして緘黙の啓蒙活動をしている元当事者の方もいれば、緘黙がありながらも新聞配達の仕事をしながら趣味を楽しんでいる方もいます。自分の好きを大切にすること、楽しい経験、新しい小さなチャレンジをしてみることで、よりよい方向に変わっていきます。

小さな共感が未来を変える（LGBTについて）

LGBT*は発達障害ではありませんが、マイノリティーで他の人との違いに苦しむという共通点があります。LGBTは全人口の5〜10%いるといわれており、40人のクラスに2〜4人はいる計算です。

『元女子高生、パパになる』（文藝春秋）の著者・杉山文野さんは「人と違う自分は間違っている。人と違う自分に未来はないと思い、30歳で死のうと思っていた」と本の中で語っています。生きづらさは周囲の無知や無理解からきていることがほとんど。トランスジェンダーの杉山さんは「誰もが安心し安全に暮らせる社会にしたい」と、LGBTの認知度を高める活動をしています。それは、小さな共感が未来を変えると知っているからです。

杉山さんは、あるTV番組で「カミングアウトは必ずしもいいことだけではない。家族や友達に理解があればいいけど、言ったことで自分の居場所が奪われてしまうことも。そうならないよう、一人ひとりが知るところから理解を広げられるといい」と、語っていました。海外の高校に通っていた人に聞くと、海外ではLGBTをオープンにしている人が多く、LGBTの先生も「性別は関係なく人が好き」と楽しそうに生活していたそうです。

杉山さんは、奥様のお母様に大反対されたものの6年の歳月をかけて理解を得て交際を認められ、子どもを持つこともできたそうです。はじめは反対していた人も、理解することで最終的には応援者になってくれることがあります。発達障害を含めて多様性が尊重され、みんなが生きやすくなる世界に変えていきたいですね。

*L＝レズビアン（女性同性愛者）、G＝ゲイ（男性同性愛者）、B＝バイセクシュアル（両性愛者）、T＝（トランスジェンダー）：出産時に割り当てられた性別とは異なる性自認（自分で認識している性）で生きる人たちの総称。

まとめ

発達障害があっても幸せに生きる方法

ここでは、本のはじめに紹介した頭の中で
否定的なつっこみをする「エゴキンマン」を
落ち着かせる方法をアドバイスします。
この方法は私がさまざまな出会いや学びの中で
身につけて効果があったと感じたものです。
きっと、親も子も心が軽くなり、
幸せに生きることにつながるでしょう。

それダメ！　あるあるケース「気分のよさ」を感じていますか？

エゴキンマンの得意技は、比較競争をさせ気分を悪くさせることです。エゴキン度数を下げるには、その逆のことをすればいいわけです。お母さんやお父さんは、「気分のよさ」を感じていますか？　子どもたちはどうでしょう？

例えば、お風呂に入って「あ〜、気持ちいい」と感じた直後に、「そういえば、あのとき、あんなことをしてしまった」と、自己否定をして自分を痛めつけ、仕事や子育て・人間関係などについてあれこれ考え、頭を悩ませることはありませんか？　それダメですよ！「こんなこと思っちゃダメ！」の自己否定もいりません。「ああ、○○と思っちゃったなぁ」と、思うだけにしましょう。過去の失敗、未来の不安に意識が飛んでいることに気づき、お風呂であたたまった身体、皮膚に触れるあたたかいお湯の感覚をゆったり感じて、ゆっくり呼吸し、今の心地よさを味わいましょう。毎日の暮らしの中で、いいエネルギーが出る時間を増やしていくことで、いい出来事が自然と流れにのってやってきます。

例えば洗い物をするときに、悩みごとを考えながら自分を責めて嫌な気分になっていませんか？　あるいは「洗い物なんてやりたくない」と嫌な気分を感じながらやっていませんか？　まず「洗い物やる？」と自分に問いかけ「やる」と決めたら選択に従います。そして、やる前に洗い物が終わりすっきりして気分がよくなる感情を先に味わいます。終わった後美味しいコーヒーを飲もうなど、小さなご褒美を設定するのもいいですね。（Ｐ88 ＡＢＣ分析のＣ）

また、洗い物が楽しくなるように、好きな音楽を聴いたり、音声動画を聴いたりしながら作業するなど、自分のモチベーションが上がる方法を見つけるのも大切です。

あなたがリラックスできること、気分がよくなること、楽しいことは何でしょうか？

まずは10個前後、書き出してみましょう。

例

音楽を聴くこと。
うさぎの写真を見ること。
アロマを焚いて香りを楽しむこと。
コーヒーを飲んでホッとすること。
お笑い動画を見て、笑うこと。
ダンスをすること。
お風呂に入ること。
自然の中を散歩すること。　など

人それぞれにリラックスできる方法は違います。大切なのは、いい気分を感じることです。その時間を少しずつでも増やしていきましょう。過去の失敗でも、不安な未来でもなく、今に意識を戻して、この瞬間の心地よさを大切にしてください。

1 ゆっくり呼吸をして“今”を感じる

過去の嫌な思い出や未来の不安に頭の中が支配されそうになったら、ゆっくり呼吸して“今”を感じてみましょう。過去のことは終わったこと。未来の不安に対して対策を取るのは、リスクマネージメントとしてはいいことですが、将来の不安を延々と考えるのは時間の無駄です。いいエネルギーはいいエネルギーと引き合うことを思い出してください(P110参照)。

呼吸を意識することは、いつでもどこでもできます。気分を変え、今を感じることで、嫌な感情や考えを手放せるようになります。イライラしているとき、動揺しているときこそ呼吸に注意を向けてみてください。鼻に入ってくる冷たい空気、鼻から出ていく空気を感じ、お腹のふくらみとへこみを感じます。また、皮膚に触れている空気の感触や、聴こえてくるかすかな音も感じてみましょう。そのとき、どんな思考が浮かんでも、「〜と私は感じている」と、受けとめるだけ。雑念が浮かんでも、「いい・悪い」のジャッジをせず、ただ、その考えを受けとめましょう。

深い呼吸をして今を感じ、フラットな状態に戻る習慣をつけることは、嫌なことが起きても、感情が揺さぶられにくくなる効果があります。そして、あるがままを受けとめられるとリラックスできます。リラックスしている時間は、本来の自分と調和(一致)している状態です。心地いい時間を少しずつ増やしていきましょう。

執着して悩んでいることがあったら
ユーモアのある言葉をつぶやいて
川の流れに悩みも流してあげましょう。

呼吸に意識を向け、今を味わい、心を静めてリラックスすることを瞑想といい、心を安定させる働きがあるエビデンスがあり世界中で注目されています。（参考図書『自分を思いやる練習』有光興記著／朝日新聞出版）

2 自分にやさしく寄り添う。どんな自分もOKする

自分にやさしく寄り添うには、親友の自分から自分に質問して気持ちを整理したり、励ましたりする自己対話方法がおすすめ。P114～117の自己対話方法をもう一度読み返してください。

例えば、朝起きたときに、自分にこう問いかけます。

親友の私「今日はどんな1日にしたい？　自分で選択できるよ」
私「いい気分を感じる日にしたい」
親友の私「大丈夫！　きっとそうなるよ」
親友の私と私「今日もいい気分を感じられますように」

このように「いい気分」にフォーカスして1日がはじまると、穏やかな気持ちでさまざまなことを受け入れることができ、「いい気分を感じる出来事」が起こりやすくなります。他にも、布団の中にいるあたたかさやありがたさなどの「いい気分」を感じることからスタートすることができます。あるいは、「今日は思いきりダラダラ過ごす」と決めたら、罪悪感は罪悪感として気づくだけにして、ダラダラのゆっくりした感じを堪能して、自分をいたわってあげましょう。そのときの自分の選択を尊重することが大切です。

いい気分を感じる気になれない日は、「いい気分でいるのと落ち込むの、どっちを選ぶ？」と自分に問いかけ、「今は落ち込みたい」というときは、そんな自分も否定せずネガティブな思いを味わいましょう。大切なのはどんな自分もOKしてあげることです。

3 望みを出す 望みを許可する

まずは小さな望みから、「何が飲みたい？」「昼ごはんはどうする？」と自分に問いかけ、望みを出すことを習慣にしてください。ぜひ、お子さんにも「何が食べたい？」など、簡単なことから望みを出させてあげてください。望みを出すことは生きる喜びにつながり、いいエネルギーを循環させることになります。

また、将来の望みもノートに書き出しましょう。例えば、転職するとき「理解がある人と仕事ができる」と望みを書き、心地よく働く自分を思い浮かべ、いい気分を先取りします。このとき大切なのは、「どうせ無理」と考えないこと。いいエネルギー同士は引き合いやすく、実現しやすくなります。ただ、望みに執着するのはNG。執着は重たい念となり、エネルギーが下がって気分が悪くなりがち。先のことはわかりません。望みが叶うかどうかではなく、望みが叶ったときの「いい気分を感じる」ことが大切なのです。

私は妄想が得意で、感情まで存分に味わうことができるので、望みが叶いやすいようです。小学6年生までは、将来を悲観しているおとなしい女の子でしたが、親友に裏切られてどん底に落ち、中学に入るタイミングで「自分の意見を言えるようになる」と決意し、望みを出し意見を言える自分に変われました。

本書も「エゴキンマンの考えに賛同し、発達障害に理解がある編集の方と仕事ができる！」とノートに書いていい気分を味わったところに、出版依頼のオファーがありました。まずは小さな望みを出すところから始めて、自分の望みを叶え、いい気分を感じる時間を増やしていきましょう。

「本当はどうしたい？」と自分に問いかけ、望みを出すことを許可してあげて。できるかどうかではなく、望むことで「いい気分」を感じる時間が増え、いいエネルギーに乗ることができるようになります。

4 「ない」ではなく「すでにある」にフォーカス

発達障害がある子の子育てをしていると、つい「できない」ことや「うまくいかない」ことに目が行きがちですが、「できている」こと「できた」ことに注目すると、我が子の小さな成長が愛おしく感じられるようになります。

同様に「お金がない」「余裕がない」など、「ない」ことばかりに注目していると、不満や不安がたまり、エゴキン度数が上がります。しかし、すでにあるものにフォーカスすると、それは「感謝」に変わります。「今日も○○があって、ありがたい」など、毎日の暮らしの中で「あるある探し」をしてみてください。

寝る前などに、今日失敗したことや、先の不安を考えるクセがある人は、1日の「あるある探し」をして、当たり前にスルーしていた幸せを思い出してみましょう。何気ない日常の中に、すでにある幸せはたくさんあります。その気分のよさを感じて眠りにつき、朝起きたら、家族が健康である幸せ、子どものかわいい寝顔を見られる幸せなどを感じ、あるある探しをする習慣を楽しみましょう。

散歩中、小さなお花が咲いていたり、蟻が歩いていたり、心がホッとする「ある」の視点を持つことはいつでもできます。「ある」に意識を向け、今を味わうとエゴキンマンのつっこみはなくなり、心地よい「気分のよさ」を感じる時間が増えます。

5 「やってみる」&操縦席に自分が座る

P74で怖がっていた滑り台を滑れるようになったMくんは、「どうせできない」と思っていたことにスモールステップでチャレンジすることで、「できた！」という達成感を得ました。さらに、「自分には力がある」と思えたことで、驚くべき進化を遂げました。

このように、苦手だと思っていることにもスモールステップで取り組むことで、「好き」に変わることがあります。苦手を避けて生きていくのもありですが、全部できなくても、少しだけ取り組むことで、「もしかしてできるのかも？」に変わる可能性もあります。まずは「やってみる」。失敗してもOK。全部できなくてもOK。トライしている自分を勇気づけてあげてください。

また、人に評価されたいからやるのではなく、自分の心の声を聞き、自分で決めて行動することが大切です。操縦席には自分が座り、自分で人生を選択し、望む未来を自分で創っていきましょう。「本当はどうしたい？」と、自分に問いかけるクセをつけましょう。自分の心の声を聞いて自分の本当の望みを叶えてあげましょう。自分が変わると、自然と付き合う人、環境も変わっていきます。結果的に自分らしく心地よく生きることができるようになります。

誰かを自分の上に置き、自分の心にふたをして、相手に合わせすぎて疲れていませんか？　そのとき、気分の悪さを感じているはずです。エゴキンマンにやられていますよ。

6 がまんしすぎることをやめてみる

私は家事が苦手です。子育てで大変だったとき、夫に「察して手伝ってよ！」と、心の中でイライラしているのに、何も言えないでがまんしていたころがありました。しかし、数か月前「私は家事が苦手だけど私なりにがんばっている。家事をひとりでやるのは大変。みんなでシェアしたい」と、夫と子どもたちに伝え、その結果、家族の協力を得て家事負担が軽減されて、快適になりました。

また、「いい子症候群」（P26）にかかっていたNさんは、仕事を断れずに無理をして倒れることを繰り返していました。でも、今はがまんをやめ「ごめんなさい。それはできません」と断ることができ、自分のペースで過ごせる快適さを手に入れ始めています。断ることで適材適所の人に仕事がまわり、うまくいくものです。

まずは、小さなことからチャレンジしてみてください。レストランの空調が寒かったら、店の人に「温度を上げてください」と頼んでみましょう。がまんしすぎをやめ、本音を伝えることは、自分に正直になり、自分を大切にしているということです。すると、心地よいエネルギーが出て、周囲にもいい影響を与えることになります。

自分の心の声を聞いて、自分の本当の望みを叶えてあげましょう。

7 心配をやさしさで包む言葉かけワーク

発達障害のある子の子育てをしている人は、お子さんのことが心配で苦しみのループにはまる人が少なくありません。また、他者の反応に過敏で負のエネルギーを感じやすい方も、このワークを行うことで、穏やかな気持ちに切り替えることができます。自分の胸に手を当てたり、誰かを抱きしめるポーズをしながら、（自分の心地いいスタイルで）次の言葉を唱えてみましょう。

みんなが幸せでありますように。
みんなが健康でありますように。
みんなが安心・安全に暮らせますように。
（参考図書 『自分を思いやる練習』有光興記著／朝日新聞出版「慈悲の瞑想」より）

「みんな」のところは「お子さん」や、「家族」「幸せを願いたい人」をイメージして復唱してください。さらに「私たちが幸せでありますように」のように、自分も含めて祈りましょう。私はニュースなどを見て不安になるとき、上の言葉を唱えるとホッとすることができます。

長男ソラが、「自己紹介は緊張する。イヤだな」とつぶやいていたとき、不安にとらわれるのではなく「落ち着いてできますように」と祈ることをすすめたら、落ち着いたそうです。「○○できるかな？」と不安になるときは、「○○ができますように」と祈りましょう。言葉には言霊があるといわれます。幸せを祈ることで前向きな希望が生まれる効果もあります。脳が安心するのだと思います。

やさしい気持ちを自分や他者に向けることで、さまざまなことを受け入れ前向きな気持ちにも気づき、心が落ち着く効果があるのだと思います。

「なりたい自分になる」ために

「いいこと日記」で小1のとき吃音が止まったと紹介したYくん（P148〜）は、中学3年生で、再び吃音が出るようになりました。サッカー部の先輩として、後輩に尊敬されるように、すごいと思われるようにと他人を意識しすぎてしまったようです。

再びYくんのママに相談された私は、「違いに悩んでいるのなら、ぜひこの映画を観て」と、『ボヘミアン・ラプソディ』を観ることをすすめました。この映画は世界的なロックバンド「クイーン」のボーカル、フレディ・マーキュリーがゲイである心の葛藤を持ちながら、自分が進みたい道を切り拓いていくストーリーと、コンサート風景の迫力で大人気になった作品です。Yくんとお母さんは、映画を一緒に観たところ、途中から涙が止まらなくなり、Yくんは感激して、もう一度観に行ったそうです。

「なりたい自分になれる。何も怖くない」というメッセージが一番心に刺さり、「ありのままで進んでいく。自分のままでいい。自分は自分でいい。やりたいことをやる。それでいい」と、生きる気力が湧いたのだそうです。

映画を観てすっかり元気を取り戻したYくんは、現在、高校2年生になり学校生活を楽しんでいます。吃音はたまに出ることもありますが、以前のように悩むこともなく、自己紹介のときには、「言葉につまってしまうかもしれませんが、よろしくお願いします」と、自分の特性を言えるようになりました。

実はYくんのママも、子どものころに吃音がありました。でも、高校生になるときに、「どもっても、開き直っちゃおう。笑いのセンスがないから、どもることで笑いを取っちゃえばいいや」と、気持ちを変えることで、吃音はいつのまにか出なくなっていたそうです。そして、私に聞かれるまで、そのことをすっかり忘れていたそうです。

Yくんが小学1年生のころ、悲壮感満載で相談してきたのがウソのように、今、Yくんのお母さんはご自身の生活を楽しんでいます。そして、ちょっとやそっとのことでは動じない親子になれたそうです。Yくんのお母さんは「吃音があるって、悪いことでも何でもないでしょ。違いを理解してくれる環境があれば、みんなが心地よく生きていけるはずなのよ」と言います。

一度しかない人生、楽しんだもの勝ち。子どもの心配をするばかりではなく、親も自分らしく、楽しく生きていけるといいですね。

いじめられたとき、息子が書いた決意ノート

長男ソラは、小6でいじめにあいました。いじめた子（Cくん）はソラに命令することが多く、ソラはCくん以外の子には笑顔を見せていたけれど、Cくんの前でオドオドするのが気に入らなかったようです。

いじめられても親に心配をかけたくないから黙って耐える子もいます。また、いじめは突然に、いじめっ子のストレス発散として、理由もなく始まることがあります。そして、いじめられる日々が続くと、「いじめられる自分が悪いんだ」と思う子がいます。

いじめの予防策として、子どもに次のように伝えるのもひとつの手です。「いじめられる子は悪くない。幸せな子は人をいじめない。いじめる子は愛が足りないの。だから、いじめっ子にこっそり心の中で〝ラブ注入〟してあげよう」（当時流行っていた言葉ですが、今なら指ハートでも）。低学年のころのソラは、それを実行していじめっ子がやさしくなった経験があります。

しかし、6年生でのいじめはそれでも改善しませんでした。私は「Cくんに嫌だと伝えた方がいいと思うよ。もう、Cくんと遊ぶのをやめてもいいんだよ。ソラはどうしたい？」と、聞きました。その後、ソラは覚悟を決め、Cくんに「友達をやめたい。他の人と友達になってくださ

い」と、伝えることができました。そして、ソラはもうひとつの決断をしました。小学校入学前に場面緘黙になったため、ひとりだけ話すことができる友達を頼りに学区外の小学校に通っていたのですが、Cくんと離れるために、誰も知る人がいない地元の中学に通うことを決めたのです。場面緘黙は改善し、小さな声ですが出るようになっていました。

ただし、いじめの状況によっては、親が介入したり学校に相談する必要もあるでしょう。このときはCくんと私が面識があり、ソラ自身に行動する余力があると判断してこのような対応を取りました。

ソラは小6のとき、同じのクラスのBくんが面白くて大好きでしたが、声が小さいソラにBくんは「(自分のからをやぶるためにあえて)恥をかけ」と言ったそうです。その言葉にソラは奮起して中学に向けて「決意ノート」を書きました。

□普通の声でしゃべる　□部活もがんばる　□勉強もがんばる

などのチェックリストになっていて、入学後、こっそりのぞいてみると「普通の声でしゃべる」の□の中に、花丸と「できたね！　よくがんばった！　えらいぞ！」と自分で書いてありました。「いいこと日記」（P148～）として、自分をほめる日記をつけることに取り組んでいたので、工夫して「決意ノート」を作成したようです。自分を信じて決めてやってみる。結果がうまくいかなかったとしても、それを許してOKする。チャレンジしたことをほめる。「いいほめ日記」はそんな考え方を習慣づけるのにおすすめです。

ズボラ母のスモールステップ　自分ほめ

私は以前、超マイナス思考だったころ、自分をほめることをほとんどしていませんでした。でも、今は、ほめるハードルがとても低くなり、1日50回は軽く、「よくがんばった！」「よし、やった！」「がんばっている」「ズボラだけど、よくやってる」と、自分を励ましています（笑）。

私は、家事が苦手です。面倒くさがりなので、極力動きたくありません。でも、やらないわけにはいきません。ソファでテレビをボーっと見ているとき、「ああ、床汚いなあ。掃除機かけないとなあ。嫌だなあ」そんなときは、嫌々モードが続くだけなので、まず、自分に問いかけます。「掃除機かける？　どうする？」もし、「今日は、やめとく……」と思ったら、罪悪感なしにきっぱりやめます。でも、「かけてすっきりしたい。やる！」と決めたら、まず、キレイになった床をイメージして、達成感を味わいます。いい気分を先取りして、いいエネルギーを出すわけです。すると、心地よいエネルギーに変わるので、嫌々のマイナスモードからさよならできます。もし、モチベーションが高まらない場合は、「よし、終わったら、美味しいコーヒーでも飲んでホッとするぞ～」とご褒美も設定してから動きます。

自分をほめるスモールステップは、こんな感じで進みます。①テレビを消すことを決意する⬇②消せた自分をほめる⬇③「じゃあ、立ち上がろうか」と自分に問いかけ立ち上がってまたほめる⬇④掃除機を取り出している私もほめる⬇⑤掃除機をかけている途中に何度も「Ｓｈｉｚｕ偉い」とほめる。これだけでもう４回。どんだけ、自分をほめるのでしょうか（笑）？　家事が苦手でズボラ女の私はこのように、こまめに自分を励まし、ねぎらいながら家事をこなしています。

家事を行う範囲もスモールステップが大切です。今日はこの引き出しの中だけ片付けようと動き出すと、脳の作業興奮の働きにより、「もっとやっちゃう？」というモードになりやすくなります。また、片付けする範囲をスモールステップで設定したり、時間をスモールステップで設定し、「５分間だけタイマーをかけて掃除しよう」とハードルを低く設定すると、動きやすくなります。

家事をやるなんて、当たり前だと思っていませんか？　いえいえ、私たちがんばっていますよ。自分の体は、がんばって動いてくれているのです。当たり前じゃないですよ。ぜひ「よくやっているよ」と、自分のことをねぎらってくださいね。

自分ほめできない人へ「いいこと日記」の効果

「自分をほめるのはハードルが高い」という声をよく聞きます。「こんなことでほめていいの？」と思う人は、親からたくさんダメ出しや否定をされた経験があり、自分にダメ出しをするクセがついているのかもしれません。また、完璧主義の人も、100点でないとダメ！ まだ結果が出ていないのに自分をほめるなんてダメ！ と思うのでしょう。結果だけでなく、過程もほめる（認める）習慣がつくといいのですが、ほめられた経験がない人にはハードルが高いようです。

脳には慣れないことを不快に思い、排除しようとする傾向があります。最初は違和感があるかもしれませんが、「いいこと日記」（「今日あったいいこと」を書く。自分のことを「ほめる」ことも書けるとなおよい）をつけ慣れることで、自分をほめることができるようになる人がいます。例えば、「子どもに怒りすぎちゃった。でも、反省できている私はエライ！ 明日、朝起きたら、お布団でギューして大好きって伝えよう」などと、反省を書いてもいいけれど、振り返りをしている自分もほめちゃいましょう。

大人の自分をほめるのは苦手、子どもの自分に向けてならできるという人は、今の自分を小さいときの自分として客観的に捉えて、「○○がんばったね」と、小さいころの自分を思い浮かべてほめてあげてください。また、自分でほめるのは苦手でも、アニメの主人公や、イケメン俳優を想像してほめてもらうのなら大丈夫という方もいます。「キミは育児をしながら、家事もがんばっている。すごいよ」と、理想のイケメンくんにほめてもらいましょう。

それも無理な人は、自己否定をしてしまった自分に気づいて、「そんな自分もOK。オールOK」と自分の存在を認めてあげてください。自己否定はエゴキンマンの仕業です。「よくやってるね」などのほめ言葉はすぐには難しいけれど、「OK」なら言えるという声も聞きます。失敗してしまう自分にも「オールOK」してあげましょう。

自分をほめるのが苦手な人は、マイナス面を見るクセがついているので、まずは1日にあった「いいこと」を書く「いいこと日記」から始めてみましょう。あるいは、寝る前にお布団の中で、P164で紹介した「あるある探し」をして、今日あった見逃しがちな、小さな当たり前の幸せを感じてみてください。

大切なことは、気分のよさを感じること。他人と比べて「こんなんでほめちゃダメ」と思っている自分に厳しい人は、自分にダメ出しをすることでやる気になるのなら、それでもよし！　です。でも、気分よく過ごせていないのであれば、それは川の流れに逆行していることになります。自分をほめないで、誰がほめてくれますか？　どんどん自分をねぎらってあげましょう。

親子でありのままの自分を認める

発達障害の子たちには、できないことがいろいろあります。それは、生まれつきで仕方がないこと。「出されたカードで勝負するしかない」のです。もちろん、工夫やトレーニングをすることで、できないことができるようになることもあります。でも、どんなにがんばっても、できるようにならないこともあります。迷惑をかけてしまう自分が嫌になることもあるでしょう。

でも、それは勘違いです。自分の「存在」が嫌なのではなく、自分の「行動」が嫌なだけです。だから、自分の存在を否定しなくていいのです。親も自分が嫌になることがあるでしょう。こんな言葉もあります。「嫌いなまま愛せばいい」。否定してしまう自分も否定しなくていい。そんな自分も自分だと受けとめてOKしてあげましょう。できないことがあっても、あなたの存在価値は何も変わらず、大切な存在です。

「自分はダメだ!」と思うのはエゴキンマンの仕業。落ち込まない人は自分を過大評価せず「できなかった」と事実を受けとめるだけで、自分を責めることをしません。淡々と次に進むだけです。失敗したり人に迷惑をかけたりしても、潔く謝り、改善策を見つけて次へ進みましょう。やらかしちゃうのも仕方がないこと。そんなダメな自分も丸ごとOKしてあげてください。

私は『グレイテスト・ショーマン』という映画が大好きです。見た目が「いわゆる普通」でない人たちが、人目を避けて隠れて生活していたのですが、あるきっかけで、「自分は自分でいい！　違っていてもいい。非難されても、どう見られてもいい。恥で沈んだりしない。私は運命を受け入れる」と、立ち上がります。そして、「これが私！　This Is Me!」と、表舞台に出て、自分らしく生きる姿を見せてくれる映画です。映画に出てくる『This Is Me』という曲は、「私だって愛されることに値する人間なんだ。値しないことなんて何ひとつないんだ」という力強いメッセージがあり、勇気づけられます。

私も、たくさん失敗します。できないこともたくさんあります。それでも、いけていない自分も、ダメな自分も、これが私！(これが今の私！)　This Is Me!と、受けとめることができるようになってから、自分を責めることがほぼなくなりました。うっかり自己否定してしまう自分はエゴキンマンの仕業。そんな自分も否定せずＯＫして、すぐに切り替えができるようになりました。

自分が嫌でも、他の誰かにはなれません。自分が自分にならなければ、誰が自分になるのでしょうか？　私が「私」で生まれてきたのだから、一度しかない人生、いろいろな経験をして、自分らしく自分を楽しませてあげようと思います。自分のご機嫌は自分でとりましょう。自分が楽しく生きることで家族にも笑顔が広がりますから。

「自分に思いやりのある気持ちを向ける大切さ」が伝わる

私は、自閉スペクトラム症（ＡＳＤ）のお子さんを対象にコミュニケーション・トレーニングを行っており、発達症（「発達障害」ではなくあえてこう呼びたいと思います）関連の本をいくつか監修してきました。ただ、同様の取り組みをされている先生はたくさんいらっしゃるので、本書の監修を依頼されたときは「なぜ私なのかな？」と思いました。ですが、Ｓｈｉｚｕさんが「セルフ・コンパッション」に関する拙著を読んでくださったとお聞きして、その理由がわかったような気がします。

私は、自分に思いやりの気持ちを向ける心の持ちようである「セルフ・コンパッション」に関する研究と実践も行っています。現在は、ＰＴＳＤ（心的外傷後ストレス障害）の症状で苦しむ人を対象に実践研究をしており、発達症のお子さんや保護者を特に対象としているわけではないものの、「セルフ・コンパッション」はそういう方々にも必要なものだと思っています。

この本では、Ｓｈｉｚｕさんが自分のお子さんとともに歩まれてきた道程が書かれています。お子さんが自閉症（当時の診断名）と診断されても何かをあきらめるのではなく、できることを積み重ねること。そのときにお子さんの気持ちに寄り添い、どんな言葉をかけたらよいのかを考え、何度言ってもできない・やらないときにくじけそうになっても、お子さんと向かい合う心……。本当にやさしく、また力強い親としてのＳｈｉｚｕさんの力を感じました。

Ｓｈｉｚｕさんが実践してきたお子さんへの言葉かけは、誰しも「こういう言葉かけができればいいのに」と思うものばかり。ですが、なかなかできないことも多いものです。それは、この本に登場するキャラクター「エゴキンマン」の仕業なのかもしれません。心理学でも、自分を批判的にとらえることはネガティブな感情につながり、精神疾患の原因になるとされています。

ふだんはともかく、参観日や運動会などイベントのときはどうでしょう。そんなときは、「よその子との比較と悪いところ探し」が得意なエゴキンマンが、心の中で常時待機状態になることがあります。もしあなたがエゴキンマンの声ばかり聞いていたとしたら、お子さんを見る目や言葉かけは辛らつなものになるでしょう。

でも同時に私たちは、子どもを慈しみ、良いところも悪いところも受け入れて、成長や幸福を願う心（コンパッション）を持っています。ただ、日ごろの忙しさで悪いところにばかり目を向けてしまい、「コンパッション」を置き去りにしていることが多くなっているだけです。

お子さんに特性があって、いろんなことを受け入れたり対処していくためには、この「コンパッション」を高めていくことが重要です。まずはご自身のことを大切に扱うことが大事なのですが、そのことが第２章で書かれています。Ｓｈｉｚｕさんがすすめている自分へのやさしい言葉かけを、ふだんの生活にどんどん取り入れてください。

「ご自身にパワーを与えてこそ、お子さんにもパワーを与えることできる」というＳｈｉｚｕさんの考えに、私は同意します。この言葉かけこそ、「セルフ・コンパッション」なのです。その力を高めていくと、第3章にあるように、恐怖でなく愛で世界を見ることができるようになると思います。これは、私が取り組んでいる「セルフ・コンパッション」の実践でも見られる変化です。

発達症のお子さんの子育てには、難しい局面が何度もやってきます。第4章で扱われていますが、学校に行っているうちは進学先をどうするか、その後は就職先や職場適応の心配など、悩みはつきません。本書では、そのときの親の受け止め方、お子さんへの言葉かけや対応方法、支援方法の種類までさまざまなことにふれられています。

そのときに必要になるのは、Ｓｈｉｚｕさんが実践してきたような、ご自身へのやさしい言葉かけとサポートしてくれる人たちに向けて心を開いていくことだと思います。その意味で、「まとめ」にもとてても大切なことが書かれています。

本書を読むことで、ひとりでも多くのお子さんと保護者の方が、前向きな気持ちでいられることを願っています。また、やさしさがあふれる本を読む機会をくださったＳｈｉｚｕさんに、心から感謝の意を表したいと思います。

有光興記

おわりに

この本を手に取ってくださった方は、最初に「エゴキンマン」というキャラクターが出てきてたので、ちょっとびっくりなさったのではないでしょうか。でも私は、自分が子育てで苦しかったころに「エゴキンマン」の存在を知っていたら、自己否定や未来の不安に悩まされえることはなかっただろうと強く思えたので、本書で紹介することにしました。もしかすると、「エゴキンマンの存在を知って気分が楽になった」という人がいるいっぽうで、「自分の気持ちは自分で処理できるでしょ？　エゴキンマンのせいにする必要がある？」と感じた方もいらっしゃったかもしれません。

人はそれぞれ、物事に対する感じ方が異なります。大切なのは「自分が気分よく過ごしているかどうか」だと、私は考えています。『こうでなければいけない」という正解も不正解もありません。あなたやお子さんのタイプを尊重し、納得したことを取り入れて、日々の生活を楽しんでいただければと思います。

私が講演を行ったときに参加者へアンケートを取った結果、過去の失敗や未来の不安に苦しんでいる方が想像以上に多いことに驚きました。過去のことも未来のことも延々と悩んでしまう方には、「エゴキンマンの存在のせいにしてしまう」方法は有効だと思います。私自身、自分ではどうすることもできないと思っていた「ひたすら続く、頭の中の自分への否定的な声」がエゴキンマンの声だと思えるようになってから、生きるのがずっと楽になったからです。

また、自著『発達障害の子どもを伸ばす 魔法の言葉かけ』でも紹介した「イライラ虫のせいにすること」が、なぜ発達障害の息子の自傷行為を抑えるのに効果があったのかも明確になりました。エゴキンマンやイライラ虫は、頭が不安でいっぱいになったときに、自分と切り離して客観的に自分を見つめるために大切な存在なのだと思います。

気分が悪いときは、自分本来の自然な状態ではなく、エゴキンマンにやられていると考え、呼吸に意識を向けて過去や未来の不安から今に戻り、ホッとする心地よさを感じることが大切です。

今回、監修を引き受けてくださった有光興記先生の著書を拝読し、さらにオンラインセミナーにも参加して、瞑想（呼吸に意識を向けて今の心地よさを感じる大切さ）や自分にやさしくする自己対話が、ストレス度を下げて幸福度を高めることが科学的に実証されていることを知りました。これは、私が所属するＨＴＬ（Ｈａｐｐｙ理論研究所）でも大切にされていたことだったので、うれしく思いました。有光先生がすすめる「五感に意識を向けた呼吸法」や、自分にやさしさを向ける心理的効果も日々実践し、その心地よさを体感しています。本書の執筆にあたっても貴重なご助言をいただき、心より感謝申し上げます。

また、子どもの発達障害の専門家の立場から貴重なご意見をいただいた公認心理師の大北友先生（「ことばと子ども支援室」代表）、本書を作りあげる過程で新たな視点をいただいたKADOKAWAの川田央恵さん、編集の江頭恵子さん、心がホッとするようなかわいいイラストを描いてくださったさらそわ子さん、みなさまのお力添えをいただいて、すてきな本が出来上がりました。本当にありがとうございました。そして、エゴキンマンを生み出し、さまざまな事例を挙げ、心が軽くなる楽しくわかりやすい配信をしてくれたHappyちゃん（HTL所長）、ユーモアあるエゴキンマンの絵を生み出してくれた椛澤愛さんにも心より御礼を申し上げます。

私は子どもたちから「うっかり母さん」と思われていて、失敗もしますしつっこみどころ満載なズボラ母です。過去にはそんな自分を責めたり強がっていたこともありますが、今は自分の弱さも認めています。これが私、失敗してしまう自分もOK！　謝るべきときは謝って改善策を考え、次に進みます。自分にやさしくして、「気分よく過ごす」選択を日々忘れずに生きていきたいと思います。

本書でエゴキンマンとイライラ虫の存在が広まることで、悩んでいる人たちが生きやすくなる種まきが少しでもできれば、とてもうれしいです。

最後に、未熟でズボラな私を支えてくれた家族にも、ありがとう！

2021年8月　Shizu

おすすめの本

●「発達障害の子どもを伸ばす 魔法の言葉かけ」（講談社）
Shizu 著、平岩幹男 監修

ABA（応用行動分析）を利用した働きかけや言葉かけを、○×と4コマ漫画などでわかりやすく紹介。ABC分析事例について、さまざまな角度で取り上げている。長男が小学校低学年でいじめにあい、どう乗り越えたかなど掲載。

●「自閉症・発達障害を疑われたとき・疑ったとき
ー不安を笑顔に変える乳幼児期のLSTー」（合同出版）
平岩幹男 著

家庭でもできるさまざまなアプローチ法（LST：ライフスキルトレーニング）などを紹介。医師の枠にとどまらず、さまざまなことにアンテナを張り実践する著者が、親子の笑顔につながる家庭で取り組めるトレーニング法をアドバイス。

●「自分を思いやる練習 ーストレスに強くなり、やさしさに包まれる習慣ー」（朝日新聞出版）
有光興記 著

P159、170で紹介。呼吸や五感に意識を向けて今を感じて、自分にやさしく寄り添う自己対話が、ストレスをやわらげるのに効果的であることを科学的根拠に基づき解説。さまざまなケースを挙げて取り組み方を紹介。

●「発達障害の子の『イライラ』コントロール術」（講談社）
有光興記 監修

発達障害の子ならではのイライラする気持ちを、図解で説明してくれるわかりやすい本。そのときにどのような対応を取ったらよいのか、イライラが小さいうちに対処する方法などのアプローチを紹介。

●「発達障害 ー生きづらさを抱える少数派の『種族』たちー」（SB新書）
本田秀夫 著

発達障害にはASDやADHDなどの種類があるが、それらは重複していることが多い（重複する場合は複雑な現れ方をする）ことを、専門の医師の立場からさまざまな事例を挙げて解説。特性に合った生活の仕方をすすめている。

●「発達障害の子どもたち」（講談社／現代新書）
杉山登志郎 著

同じような発達障害の症状を持つ子どもたちでも、幸福な道をたどる子と、精神的に病んでしまう子がいる。その適応を決めるのは、実は情緒的なこじれ（周囲の無理解や叱責などによる自己肯定感の低下）であることを、専門の医師の立場でさまざまなケースを紹介。

● 「感覚統合をいかし適応力を育てよう① 発達障害の子の感覚遊び・運動遊び」(講談社)
木村 順 監修

発達障害の子どもたちは、体の使い方がわからないケースが多い。その苦手な理由を、触覚や平衡感覚などの育ちの偏り具合から解説。遊びを通した対応策がイラストで紹介されている。

● 「自閉症を生きた少女」(講談社)
天咲心良 著

自閉症の心良さんの自伝。3人の小学校担任が登場し、子育てで大切にしたいことの気づきを得られる。ABAなどの療育に一生懸命になりすぎる保護者におすすめ。当事者の子どもたちから「親に読んでほしい」と言われる一冊。

● 「発達障害の子とハッピーに暮らすヒント
—4人のわが子が教えてくれたこと—」(ぶどう社)
堀内祐子・柴田美恵子 著

4人の発達障害の子を育てたパワフルお母さんの体験記。不登校などさまざまな問題が起きた時期をどう乗り越えてきたのかなど、子どもとハッピーに暮らすヒントを紹介。

● 「立石流 子どもも親も幸せになる発達障害の子の育て方」(すばる舎)
立石美津子 著、市川宏伸 監修

我が子が自閉症・知的障害があると診断を受けてから、障害受容をしていく葛藤が心に響く。小学校の就学先について、支援学校にするか特別支援級がいいかなどと悩んでいる方に、参考になる一冊。

● 「今日から使える 認知行動療法」(ナツメ社)
福井 至・貝谷久宣 監修

思考のクセに気づいて心を軽くする方法を、漫画や図などで紹介している。カウンセリングの事例なども紹介されていて、自己対話の寄り添い方の参考になる。

● 「私はかんもくガール
—しゃべりたいのにしゃべれない場面緘黙症のなんかおかしな日常—」(合同出版)
らせんゆむ 著

緘黙と歩んだ人生を、かわいい漫画で年代別に紹介。随所に専門家の解説があり読みやすい。社会人になり緘黙は改善したものの後遺症に悩んでいたころ、あることで意識の持ち方を変え、思考を180度転換し後遺症から脱却した様子も描く。

●「話せない私研究 ―大人になってわかった場面緘黙との付き合い方―」(合同出版)
　モリナガアメ 著、高木潤野 解説

緘黙改善後、社会人になり不安になりやすい気質に悩む。人間関係での気づき、他者との違いなどを客観的に自己分析し改善策も実践。カウンセリングの様子や緘黙改善の取り組み方なども。専門家の解説が随所にあり、漫画で読みやすい。

●「そらをとびたかったペンギン ―だれもが安心して存在できる社会へ―」(学苑社)
　申ももこ 著、Shizu 協力、はやしみこ 絵、佐藤恵子 解説

P46で紹介した絵本。小学校の読み聞かせ後に、子どもたちから主人公ペンギンのモモに声援が飛ぶような、心あたたまる物語。読後、クラスの子が発達障害の子にやさしくなるというエピソードも。私も作成協力した絵本。

●「マンガでわかる『幸せ』の教科書 ―仮面かぶって生きてませんか?―」(大和出版)
　Happy 著、湯浅みき 作画

エゴキンマンの生みの親、Happy所長の思いを漫画でつづる幸せに生きるための指南書。15歳で家出、家族を恨みつつ運命を呪っていた著者が、運命的な本との出会いで意識の持ち方を変え、さまざまな現実創造を成し遂げていく。

以下の10冊は、本文中で紹介しています。

P122　「『学び合い』で『気になる子』のいるクラスがうまくいく!」(学陽書房) 西川 純・間波愛子 著

P128　「発達障害のある子と家族が幸せになる方法
　―コミュニケーションが変わると子どもが育つ―」(学苑社) 原 哲也 著

P132　「『みんなの学校』が教えてくれたこと
　―学び合いと育ち合いを見届けた3290日―」(小学館) 木村泰子 著

P136　「こちら、発達障害の世界より ―生きやすく生きることを求めて―」(本の種出版) 難波寿和 著

P141　「夢見た自分を取り戻す ―成人ディスレクシア、50代での大学挑戦―」(エンパワメント研究所)
　井上 智 著、井上賞子 執筆協力、佐藤里美 監修

P151　「きつおんガール うまく話せないけど、仕事してます。」(合同出版) 小乃おの 著、菊池良和 解説

P151　「子どもの吃音 ママ応援BOOK」(学苑社) 菊池良和 著

P151　「吃音 ―伝えられないもどかしさ―」(新潮社) 近藤雄生 著

P153　「かんもくの声」(学苑社) 入江紗代 著

P154　「元女子高生、パパになる」(文藝春秋) 杉山文野 著

おすすめのサイト

● 井上賞子さんの動画（P145で紹介）　YouTube　atacLabチャンネル
「読み書きの苦手に合わせた教材とは?」～基礎編～

https://www.youtube.com/watch?v=MjiRwj1wJCo

● 平岩幹男先生の動画　YouTube うさぎ1号チャンネル

『発達障害の子どもを伸ばす 魔法の言葉かけ』の監修者・平岩幹男先生の動画。

発達障害・知的障害の子をサポートする情報などが得られる。

https://www.youtube.com/user/mikiohiraiwa/featured

● アイノオト

「自分のすべてを愛する」をコンセプトに、心に響くメッセージを伝えてくれるYさんのブログ。

「アイノオト　ブログ」で検索。

https://ainooto0118.blog.fc2.com

● 世界は自分で創る第2章「シルクロード物語」

心が軽くなる意識の持ち方、現実創造をどのようにしていくか、その過程を見せてくれるHappyちゃんのブログ。
https://ameblo.jp/theone888/

● エゴキンマンと私

エゴキンマン理論（Happy理論）で心が軽くなる意識の持ち方などを紹介する、Shizuのエゴキンマン専用ブログ。エゴキン度数チェック表（P33）はこちらからダウンロードできます。「エゴキンマンと私　Shizu　ブログ」で検索。
https://ameblo.jp/egokin117

● 発達障害の子どもを伸ばす魔法の言葉

Shizuのブログです。無料メルマガ情報もあり。「発達障害　Shizu　ブログ」で検索。
https://ameblo.jp/kirakirahikaruhoshi117/

著　者／Shizu
ASD発達支援アドバイザー。1960年代生まれ。親子で場面緘黙の経験を持ち、長男が3歳でASD（自閉スペクトラム症）と診断される。その子育て経験とASDの子どもへの訪問療育での学びから、『発達障害の子どもを伸ばす 魔法の言葉かけ』（講談社）を出版。全国で講演活動を行っている。
ブログ：「発達障害の子どもを伸ばす魔法の言葉」

監　修／有光興記（ありみつこうき）
関西学院大学文学部総合心理学科教授。博士（心理学）、公認心理師。認知行動療法をベースに、不安の強い子や軽度発達障害児など生活面で問題を抱える子へのソーシャルスキルトレーニングを実践。著書に『自分を思いやる練習』（朝日新聞出版）などがある。

発達障害《はったつしょうがい》の子《こ》と親《おや》の心《こころ》が軽《かる》くなる
ちゃんと伝《つた》わる言葉《ことば》かけ

2021年8月30日　初版発行

著者／Shizu《しず》

監修／有光《ありみつ》 興記《こうき》

発行者／青柳 昌行

発行／株式会社KADOKAWA
〒102-8177　東京都千代田区富士見2-13-3
電話　0570-002-301（ナビダイヤル）

印刷所／大日本印刷株式会社

●お問い合わせ
https://www.kadokawa.co.jp/（「お問い合わせ」へお進みください）
※内容によっては、お答えできない場合があります。
※サポートは日本国内のみとさせていただきます。
※Japanese text only

定価はカバーに表示してあります。

ISBN 978-4-04-605266-7　C0037